Peter Clover

Sheltie – Kleines Pony, großes Herz

KOSMOS

Sheltie – Kleines Pony, großes Herz

Peter Clover

Wie Sheltie zu uns kam

Kapitel Eins

„Ich will nicht umziehen“, rief Emma. „Und schon gar nicht aufs Land!“

Emmas Vater zog eine Augenbraue hoch, ließ die Zeitung aber nicht sinken. Ihre Mutter lächelte und schmierte Butter auf ein Stückchen Toast für den kleinen Joschua.

„Ich wette, da sind alle total doof“, maulte Emma weiter. Sie schüttete Milch in ihre Müslischale. „Warum ziehen wir überhaupt um? Hier ist es doch schön!“

Ihre Mutter sah sie streng an. „Weil dein Vater eine neue Arbeit hat.

Außerdem ist es doch herrlich für dich und Joschua. Da gibt es jede Menge Wiesen und viel Platz zum Spielen. Du wirst schon sehen, Emma. Es wird dir sicher gefallen."

„Wird es nicht", murmelte Emma. Sie schob ihre Unterlippe vor und schmollte. „Ich werde es hassen! Ich weiß es!"

Mittags war alles gepackt und fertig zur Abreise. Es war eine weite Fahrt bis in das Dorf, und als sie ankamen, dämmerte es bereits. Es war zu spät, um noch irgendetwas anzuschauen oder zu machen. Also gingen alle früh ins Bett.

Am nächsten Morgen wurde Emma von einem seltsamen krähenden Geräusch wach.

„Was ist denn das?“, murmelte Emma. Sie rieb sich verschlafen die Augen und sah sich in ihrem neuen Zimmer um, einer süßen kleinen Dachkammer.

Draußen krähte wieder der Hahn. Emma beschloss, der Sache nachzugehen. Sie schlüpfte aus dem Bett und lief zum Fenster.

Ein herrlich sonniger Tag! Emma sah sanfte grüne Hügel bis zum Horizont. Überall waren Wiesen, auf denen Kühe und Schafe weideten. Sie entdeckte einen kleinen Bach, der sich durch eine Obstwiese schlängelte, ein goldgelbes Kornfeld und eine Koppel am hinteren Ende des Gartens.

Plötzlich weiteten sich Emmas Augen. Auf der Koppel stand ein dickes Shetlandpony! Es war wirklich sehr klein. Irgendwie sah es aus wie ein riesiges Meerschweinchen. Es hatte helles haselnussbraunes Fell, und sein Kinn ruhte auf dem oberen Balken des Koppelzaunes.

Emma zog sich an und sauste die Treppe hinunter. Sie konnte ihre Schuhe

nicht finden. Kein Wunder, denn im ganzen Haus standen Kisten und Koffer herum. Endlich entdeckte Emma ihre grünen Gummistiefel und streifte sie an der Hintertür über. Dann rannte sie in den Garten.

Ein schmaler Weg führte von der Tür direkt zur Koppel. Als das Pony Emma sah, galoppierte es wie wild im Kreis herum. Emma stellte sich auf den unteren Zaunbalken und streckte ihre Arme über den oberen. Das Pony trabte heran, um sie zu begrüßen. Es drückte sein samtweiches Maul in Emmas Hände.

„Du bist aber ein süßes Pony!", sagte Emma.

Die braunen Augen blitzten unter seiner wuscheligen Mähne hervor. Emma streichelte seinen Kopf und lehnte sich zurück, um das Pony besser betrachten zu können. Seine schönen dunklen Augen blickten sie an, und es schien zu lächeln.

Emma schlang ihre Arme um seinen Hals und kuschelte sich an sein weiches Fell. Das Pony hielt ganz still.

„Na, dann hast du Sheltie ja schon kennengelernt“, rief Emmas Mutter, die mit einer Hand voll Möhren vom Haus herüberkam.

Emma drehte sich um und sprang vom Zaun. „Er ist süß! Wem gehört er?“, fragte sie. Sheltie sah die Karotten und rannte wie ein Verrückter im Kreis.

„Er gehört dir, wenn du ihn willst“, sagte die Mutter. Natürlich wusste sie ganz genau, dass Emma wollte. Sie hielt Sheltie eine Möhre hin, die blitzschnell in seinem Maul verschwand.

„Sheltie gehört Miss Linny, die uns das

Haus verkauft hat“, erklärte Emmas Mutter. „Sie ist in die Stadt gezogen und konnte ihn nicht mitnehmen. Deswegen kann er bei uns bleiben. Was hältst du davon, Emma? Willst du ein eigenes Pony haben?“

„Oh ja“, flüsterte Emma glücklich.

Die Mutter gab ihr eine Möhre, und Emma lachte, als sie ebenso schnell in Shelties Maul verschwand wie die erste.

„Meinst du, ich kann auf ihm reiten?“, fragte Emma.

„Natürlich“, sagte die Mutter. „Er hat genau die richtige Größe für dich. Und Miss Linny kommt heute Abend vorbei und bringt Sattel und Zaumzeug mit. Sie wird dir deine allererste Reitstunde geben und dir erklären, wie du richtig für ihn sorgst.“

Kapitel Zwei

Miss Linny war ganz anders, als Emma sie sich vorgestellt hatte. Sie war weder groß noch dünn, sondern klein und mollig und kugelrund. Sie trug alte Kleider, die ruhig dreckig werden konnten, und grüne Gummistiefel wie Emma.

Emma saß auf dem Zaun und sah zu, wie Miss Linny den Kiesweg heraufgeschnauft kam. Sie hatte Sattel und Zaumzeug unter dem Arm. Eine kleine schwarze Reitkappe für Emma saß schief auf ihrem Kopf.

„Hallo! Du musst Emma sein.“

Emma lächelte. Dann zwickte Sheltie sie in den Rücken und schubste sie vom Zaun.

„Autsch!“ Emma lachte, und Sheltie schüttelte schnaubend den Kopf. Seine Augen blitzten vor Spaß und Übermut.

Miss Linny schwang den Sattel über den obersten Zaunbalken und wuschelte Sheltie durch die lange zottelige Mähne. Sheltie schnappte mit den Zähnen nach einem Knopf von Miss Linnys Wolljacke. Daran versuchte er sie zwischen den Holzbalken hindurch auf die Koppel zu ziehen. Emma kicherte.

„Ist er nicht schrecklich, Emma?“ Miss Linny zerrte an ihrer Jacke.

Der Knopf riss ab, und Sheltie spuckte ihn vor Miss Linny ins Gras.

„Mit dem wirst du alle Hände voll zu tun haben“, sagte Miss Linny, während sie ihm ein Apfelstückchen hinhielt. „Du liebst deine Leckerlis, nicht wahr, Sheltie?“ Shelties Augen funkelten.

Emmas Mutter kam, um ebenfalls zu gucken, und Miss Linny sattelte Sheltie. Er hatte kurze Beine und einen kugelrunden Bauch, der fast das lange Gras streifte. Es sah urkomisch aus, wie Miss Linny den Sattelgurt um seinen dicken Bauch schnallte.

Sheltie knabberte weiter an Miss Linnys Knöpfen herum und biss in ihren Tweedrock.

Miss Linny schien sich nicht daran zu stören. „Na, Emma, rauf mit dir. Du bist doch nicht aufgeregt, oder?“

„Nein“, sagte Emma. Sie war natürlich doch ein bisschen aufgeregt, aber das wollte sie nicht zugeben. Es fühlte sich komisch an, im Sattel auf Shelties Rücken zu sitzen. Sheltie war zwar nur ein kleines Shetlandpony, aber Emma hatte trotzdem das Gefühl, ganz schön weit vom Boden entfernt zu sein.

Miss Linny zeigte Emma, wie sie die Zügel halten musste und wie sie mit den Füßen richtig in die Steigbügel trat.

„Fußspitzen hoch, Absätze tief."

Emma lachte und saß mit geradem Rücken und angewinkelten Ellbogen im Sattel.

„Du bist perfekt! Ein tolles kleines Pferdemädchen", sagte Miss Linny. Das freute Emma.

„So, alles, was wir heute tun werden, ist ein bisschen im Schritt herumzugehen, schön langsam und gleichmäßig. Ich werde die Zügel halten. Fertig?"

„Wartet einen Moment!" Emmas

Vater kam mit einer Kamera aus dem Haus gelaufen. „Und lächeln!“

Emma grinste. Sheltie grinste auch, oder es sah zumindest so aus.

Miss Linny führte Sheltie in einem großen Kreis auf der Koppel herum.

Sheltie benahm sich vorbildlich. Und Emma strahlte übers ganze Gesicht.

„Gut gemacht, Emma!“, rief ihre Mutter und klatschte. Miss Linny führte Sheltie quer über die Koppel.

„Bin ich gut?“, fragte Emma.

„Du bist wundervoll“, sagte Miss Linny.

Emma lehnte sich vor, um Shelties flauschigen Hals zu klopfen. „Du bist das beste Pony auf der ganzen Welt“, flüsterte sie ihm zu.

„Dann ist ja alles klar“, lachte Emmas Mutter. „Da haben sich zwei gefunden.“

„Los, Sheltie!“, rief Emma. „Geh weiter.“

Kapitel Drei

Nach Emmas Reitstunde kam Miss Linny noch auf eine Tasse Tee mit ins Haus. Sie saßen alle am Küchentisch, und Emmas Mutter reichte Kuchen herum.

„Und denk immer daran, das Koppeltor gut zuzumachen!“, sagte Miss Linny. „Sheltie kann das Tor nämlich sonst öffnen. Er ist ein sehr kluges Pony.“

Genau in dem Moment wurde die Küchentür aufgestoßen, und Sheltie kam hereinspaziert. Mit Hufgeklapper rutschte er über die Fliesen. Er ging zielstrebig zum Küchentisch und stürzte sich auf die Zuckerdose. Dabei warf er das Milchkännchen um und stieß heftig gegen Miss Linnys Stuhl.

Mit einem lauten Plumps fiel sie zu Boden.

Noch ehe ihn jemand aufhalten konnte, hatte Sheltie schon sein ganzes Maul voll Zuckerwürfel und zerkaute sie genüsslich.

„Sheltie, du ungezogener Kerl!“, rief Miss Linny und erhob sich.

„Und denk immer daran, das Koppeltor gut zuzumachen!“, wiederholte die Mutter lachend. Emma kicherte.

„Komm schon, Sheltie.“ Miss Linny führte ihn am Schopf hinaus. „Sheltie weiß genau, was er will. Es gibt nicht viel, was er nicht schafft. Und Tore aufmachen ist seine Spezialität.“

Emma folgte Miss Linny und Sheltie auf die Koppel. Miss Linny zeigte ihr, wie man das Tor richtig zumachte. Mit einem kleinen Stift konnte man verhindern, dass Sheltie den Riegel wegschob.

Sheltie war sehr aufgedreht und beobachtete alles mit großem Interesse.

Am hinteren Ende der Koppel befand sich eine kleine Hütte aus Stein. Sie sah aus wie ein richtiges kleines Haus.

„Das ist Shelties Stall“, erklärte Miss Linny.

Emma ging hinein, dicht gefolgt von Sheltie. Er sah sehr zufrieden mit sich aus. Im Inneren des Stalls war eine Krippe angebracht.

„Das ist für Shelties Futtermischung. Er bekommt davon eine Kelle am Tag. Und dieses Gestell ist für sein Heu.“

Draußen zeigte Miss Linny Emma, wie

man den Wassertrog mit einem Gartenschlauch füllte.

Sheltie steckte seinen Kopf in den Trog und machte Luftblasen. Dann versuchte er, das Wasser direkt aus dem Schlauch zu trinken, und spritzte dabei kräftig herum. Emma wurde ganz nass, aber das störte sie nicht.

„Hier auf der Koppel gibt es reichlich Gras für Sheltie“, sagte Miss Linny. „Deshalb musst du ihn nur einmal am Tag füttern.“ Sheltie schüttelte seinen Kopf hin und her, und seine lange Mähne flog von einer Seite auf die andere.

Emma fand es herrlich, ein eigenes Pony zu haben und sich darum zu kümmern. Auf dem Land zu leben war doch gar nicht so schlecht.

Jeden Abend ging Emma noch einmal zu Sheltie und sagte ihm Gute Nacht. Er folgte ihr bis zum Gatter und sah ihr nach, wie sie den Gartenweg zurück zum Haus ging. Und morgens sprang Emma aus dem Bett und schaute als Erstes aus dem Fenster nach ihrem Pony. Dann stand Sheltie meistens am Zaun und wartete mit blitzenden Augen auf sie.

So wurde Sheltie Emmas bester Freund, und es dauerte nicht lange, bis sie alleine reiten konnte.

Eines Tages ging Miss Linny mit Emma und Sheltie bis zum Ende der Straße, die am Haus vorbeiführte.

Auf halbem Weg kamen sie an einem anderen Haus vorbei. Es lag hinter einer dicken Steinmauer. Der Garten war nicht wie Emmas Garten voller Blumen. Es war ein Gemüsegarten.

Vom Sattel aus konnte Emma über die Mauer schauen. Sie sah Unmengen von Kohlköpfen, ordentlich in Reih und Glied gepflanzt. Und Kletterbohnen, die sich an langen Bambusstäben hochrankten. Außerdem erkannte sie grünes, federartiges Karottenkraut, das aus der frisch umgegrabenen Erde ragte. Alles war in hübsch arrangierten Reihen gepflanzt und sah sehr ordentlich aus.

Als Sheltie und Emma vorbeiritten, erschien plötzlich der Kopf eines alten Mannes hinter der Steinmauer.

„Guten Morgen, Mister Crock“, sagte Miss Linny.

„Bahhh!“, knurrte der alte Mann. Dann verschwand er wieder.

Emma schaute Miss Linny erstaunt an.

„Nimm keine Notiz von ihm, Emma“, lächelte Miss Linny. „Er ist ein alter Kauz. Ihm ist alles gleichgültig, bis auf sein heißgeliebtes Gemüse.“

Sheltie streckte seine Nase in die Luft und lief weiter.

Am Ende der Straße kehrten sie um.

„Okay“, sagte Miss Linny. „Jetzt geht’s los!“ Emma sollte zum ersten Mal ganz allein die Straße bis zur Koppel zurückreiten.

Emma war stolz und aufgeregt zugleich. Sie tätschelte Shelties Hals, dann drückte sie die Hacken in seine Flanken.

„Los, Sheltie! Geh weiter!“

Sheltie war sehr brav. In gleichmäßigem

Schritt ging er die Straße entlang. Er schien zu wissen, dass Emmas erster Ritt etwas ganz Besonderes war.

Er benahm sich hervorragend, bis sie wieder an Mister Crocks Gemüsegarten vorbeikamen …

Kapitel Vier

Plötzlich blieb Sheltie stehen. Emma drückte ihm ihre Fersen in die Flanken. Aber Sheltie rührte sich nicht und starrte über die Mauer in Mister Crocks Gemüsegarten.

„Los, Sheltie, geh weiter“, rief Emma.

Aber Sheltie legte den Kopf auf die Steinmauer. Seine Nüstern bebten, als er das frische Karottenkraut und die Kohlköpfe roch.

Mister Crock kam hinter der Mauer hervor. Er sah sehr ärgerlich und mürrisch aus.

„Hau ab!“, blaffte er. „Mach, dass du hier wegkommst. Und sieh zu, dass dieses dreckige Pony von meinem Gemüse wegbleibt.“

Emmas Herz klopfte heftig. „Los, Sheltie, geh weiter.“

„Hau ab“, rief Mister Crock noch einmal, und Sheltie lief los. Emma klammerte sich fest, während Sheltie den ganzen Weg zur Koppel zurück galoppierte. Erst als sie das Gatter erreichten, wurde er langsamer.

„Gut gemacht!“, rief Emmas Mutter. Joschua winkte und klatschte in die Hände. Sheltie trabte zu ihnen, um gestreichelt zu werden.

„Da war ein ganz blöder Mann“, sagte

Emma. „Er hat Sheltie ein ‚dreckiges Pony' genannt."

„Ignorier ihn einfach", rief Miss Linny, die gerade den Weg heraufkam. „Er ist nur ein verbitterter alter Mann. Er glaubt, dass jeder hinter seinen Kohlköpfen her ist. In zwei Wochen ist das Sommerfest, und da möchte er mit seinem Gemüse wieder den Pokal gewinnen."

„Ich will sein blödes fauliges Gemüse doch gar nicht", sagte Emma.

„Nein", lächelte Emmas Mutter. „Aber er denkt wahrscheinlich, Sheltie will es."

„Aber das stimmt gar nicht, Sheltie, oder?", fragte Emma.

Natürlich sagte Sheltie nichts. Aber er sah äußerst spitzbübisch aus. Und Emma war sicher, dass er gerade an diese herrlich saftigen Karotten und die Kohlköpfe dachte.

Am nächsten Tag regnete es. Sheltie machte der Regen nichts aus, aber Emma konnte an diesem Morgen nicht reiten. Stattdessen fuhr sie mit ihrer Mutter in die Stadt, um neue Schulbücher zu kaufen.

„Oje!“, stöhnte Emma. Sie freute sich nicht auf die Schule. Sie wollte viel lieber zu Hause bei Sheltie bleiben.

Emma kletterte zu ihrer Mutter ins Auto. Joschua war ebenfalls mit von der Partie. Er saß hinten, in seinem Kindersitz.

Sheltie sah zu, wie sich der Wagen entfernte und schließlich hinter den Büschen verschwand. Er schnaubte laut und schüttelte die Regentropfen von seiner zotteligen Mähne. Dann stampfte er mit den Hufen auf. Sheltie blieb nicht gern allein. Er sah sich auf der leeren Koppel um. Er ging zum Gatter. Vielleicht dachte er wirklich an die saftigen Karotten und Kohlköpfe in Mister Crocks Gemüsegarten?

Sheltie stand am Koppeltor und betrachtete den Riegel. Er hatte Emma schon oft beim Öffnen und Schließen zugesehen. Zuerst stubste er mit seinem Maul dagegen, aber nichts passierte. Dann nahm er den kleinen Stift zwischen die Zähne und zog daran. Der Rest war kinderleicht. Sheltie schob den Riegel zurück und stieß dann mit der Nase das Tor auf.

Er war sehr zufrieden mit sich und schnaubte laut. Es hatte aufgehört zu regnen, und die Sonne kam heraus, als Sheltie die Straße entlangtrabte. Es machte ihm Spaß, durch die Pfützen zu laufen.

Mister Crock war im Schuppen beschäftigt. Er sah nicht, dass Sheltie das Gartentor öffnete. Sheltie blickte die engen Gemüsereihen auf und ab und schnupperte daran. Das Gemüse roch wirklich herrlich.

Sheltie senkte den Kopf und zog eine

riesige Karotte aus der klumpigen Erde. Sie war sehr saftig und knackig. Sheltie fand sie besonders lecker. Dann probierte er einen Kohlkopf. Der war auch gut. Sheltie machte sich gerade über den zweiten Kohl her, als Mister Crock aus dem Schuppen kam. Mister Crocks Gesicht verfinsterte sich schlagartig.

„Haust du wohl ab!“, schrie er. Seine

Stimme überschlug sich. Sheltie sprang erschrocken zur Seite und galoppierte, so schnell er konnte, davon. Er sauste durch das Gartentor und die Straße entlang zu seiner Koppel.

Emmas Vater machte sich gerade eine Tasse Tee in der Küche. Da stürmte Mister Crock laut polternd und schimpfend zur Hintertür herein.

„Dieser Gaul war in meinem Garten und hat meine Kohlköpfe geklaut." Mister Crock war fuchsteufelswild. „Das lasse ich mir nicht bieten!", rief er. „Wenn Sie dieses Pony nicht von meinem Gemüse fernhalten, werde ich die Polizei rufen. Und die werden es dann mitnehmen und einsperren!“ Ehe Emmas Vater ein Wort sagen konnte, lief Mister Crock schon wieder wutschnaubend davon.

Kapitel Fünf

Als Emma nach Hause kam, versteckte sich Sheltie hinter seinem Stall. Der Vater hatte ein Vorhängeschloss und eine Kette am Koppeltor angebracht. Er erzählte Emma, was passiert war, und erklärte ihr, wie das Vorhängeschloss funktionierte.

„Was für ein Theater wegen ein paar Kohlköpfen", sagte die Mutter. Aber Sheltie war ungezogen gewesen. Er durfte nicht einfach Mister Crocks Gemüse fressen.

Am nächsten Tag backte die Mutter einen Apfelkuchen, und Emma schrieb in ihrer allerschönsten Schrift eine Entschuldigung für Mister Crock. Gemeinsam brachten sie den Kuchen und den Brief zu dem mürrischen Mister Crock. Emma hatte ein ganz komisches Gefühl, als sie seinen Garten betraten.

Mister Crock war nicht gerade erfreut, sie zu sehen. Den Apfelkuchen nahm er aber trotzdem an, und als Emma ihm den Entschuldigungsbrief gab, grummelte er etwas vor sich hin.

„Seht zu, dass dieses Tier nicht mehr in meinen Garten kommt“, sagte er dann. „Ich mag keine Ponys. Und schon gar nicht, wenn sie meine Kohlköpfe fressen. Ich hab euch gewarnt: Wenn ich ihn noch einmal erwische, werde ich auf der Stelle die Polizei rufen und ihn mitnehmen lassen.“ Dann stapfte er ohne ein weiteres Wort davon und verschwand in seinem Schuppen.

Emma biss sich auf die Unterlippe. Sie war kurz davor zu weinen.

„Wird die Polizei Sheltie wirklich mitnehmen?“, fragte sie.

„Das glaube ich nicht“, antwortete ihre Mutter. „Aber wir werden jetzt auf jeden Fall besser aufpassen.“

Emma war sehr beunruhigt. Den ganzen Tag lief sie immer wieder zum Koppeltor, um das Schloss zu überprüfen. Sie wollte absolut sichergehen, dass es verschlossen war. Natürlich war es immer verschlossen.

Emma trug den Schlüssel an einer Schnur um den Hals. Sheltie war begeistert. Er dachte, das Ganze sei ein neues Spiel. Er trabte immer wieder zum Tor und knabberte an dem neuen Schloss und der Kette.

Zwei Tage später stand Mister Crock mit einem Polizisten vor Emmas Haus. Sie hörte ein kräftiges Klopfen an der Tür. Als Mister Crock eintrat, blickte ihn Emmas Mutter überrascht an. Der Vater sah verwirrt aus.

„Ihr Pony war wieder an meinem Kohl“, sagte Mister Crock. „Ich habe Sie gewarnt! Sie wussten, was passiert, wenn Sie dieses Tier nicht von meinem Garten fernhalten.“ Er sah sehr wütend aus. „Dieses Pony ist ein Dieb!“

Der Polizist lächelte Emma freundlich zu. Er konnte kaum glauben, dass Mister Crock diesen Aufstand wegen einem bisschen Gemüse machte.

„Aber das ist unmöglich!“, rief Emma.

„Shelties Tor ist abgeschlossen, und hier ist der Schlüssel.“ Sie hielt den Schlüssel hoch, damit der Polizist ihn sehen konnte.

„Na ja, Fräulein, es fehlen aber zwei Kohlköpfe. Und Mister Crock sagt, dass es dein Pony gewesen ist.“

Sie gingen alle nach draußen zu Shelties Koppel. Kette und Riegel waren an Ort und Stelle, das Tor war geschlossen und verriegelt. Genauso, wie Emma es zurückgelassen hatte.

Der Polizist ging um die Koppel herum und überprüfte, ob der Zaun irgendwo kaputt war. Sheltie warf seinen Kopf zurück und folgte ihm. Er dachte, dies sei schon wieder ein neues Spiel.

„Nun, Mister Crock“, sagte der

Polizist. „Es sieht nicht so aus, als ob dieses Pony irgendeine Möglichkeit gehabt hätte, hier rauszukommen. Ich fürchte, ich kann da nichts machen."

Der Polizist lächelte und klopfte Emma auf die Schulter.

„Und was ist mit den Hufabdrücken in meinen Beeten?", fragte Mister Crock. „Das ist doch Beweis genug, oder etwa nicht? Kommen Sie mit und sehen Sie es sich an." Emma, ihr Vater und der Polizist begleiteten Mister Crock nach Hause, um die Hufabdrücke anzuschauen.

Tatsächlich war der ganze Garten voller Hufspuren. Man sah sie überall in der weichen Erde. Emma ging in die Hocke und untersuchte die Abdrücke.

„Das können nicht Shelties Spuren sein!“, rief sie. „Die sind viel zu groß. Sheltie hat ganz kleine Hufe.“

Die Erwachsenen standen um sie herum. Emma hatte recht. Die Hufabdrücke waren viel zu groß, sie konnten nicht von Sheltie stammen.

„Bahhh!“, sagte Mister Crock.

„Hauptsache, dieses Pony kommt nicht wieder hierher. Das ist alles.“ Dann stapfte er in sein Haus.

Am Abend sagte Emma Sheltie Gute Nacht und ging zu Bett.

Sheltie stand noch lange auf der Koppel und hatte sein Kinn auf den Holzzaun gestützt. Das kleine Pony beobachtete, wie der Mond über dem Hausdach aufging. Und als es dunkel wurde, sah es die Sterne am Himmel leuchten.

Sobald das letzte Licht im Haus ausging, trabte Sheltie in seinen Stall. Dort stand er und blickte auf die Koppel. Er war hellwach.

In der Dunkelheit sah Sheltie

jemanden am Haus vorbeigehen. Seine Ohren stellten sich auf, als er die dunkle Gestalt die Straße entlanghuschen sah.

Sheltie schnaubte und schüttelte seine Mähne. Er trabte zum Koppelzaun, um besser zu sehen. Mit seinen scharfen Augen spähte er in die Dunkelheit. Er beobachtete, wie die Gestalt die Straße hinunterlief und schließlich in der Dunkelheit verschwand.

Kapitel Sechs

Am nächsten Tag ging Mister Crock in den Gemüsegarten, um seine Kohlköpfe zu zählen. Er erschrak: Es fehlten schon wieder zwei!

„Jetzt reicht's!", rief Mister Crock und begann, eine Falle zu bauen.

Er spannte im Kohlfeld knapp über dem Boden eine Wäscheleine. Am Ende der Leine befestigte er drei Blechdosen. Dann stützte er die Hände in die Hüften und betrachtete sein Werk. Er berührte die Leine mit dem Fuß, und die Blechdosen schepperten. Mister Crock lächelte. Jetzt würde niemand mehr unbemerkt durch seine Kohlköpfe spazieren können.

In der folgenden Nacht blieb Mister Crock lange auf. Er setzte sich in seinen Schuppen und wartete. Er wartete, bis es dämmerte und bis der Mond aufging. Er wartete und wartete, bis im ganzen Dorf die Lichter gelöscht waren.

Kurz nach Mitternacht hörte Mister Crock ein Geräusch. Die Blechdosen schepperten. Da war jemand in seinem Gemüsegarten!

Mister Crock stürmte aus dem Schuppen. Er fuchtelte wild mit einer Harke und leuchtete mit seiner Taschenlampe. Aber als er am Kohlbeet ankam, war niemand zu sehen. Der Dieb hatte sich bereits aus dem Staub gemacht. Mister Crock leuchtete die Reihen ab. Es fehlten schon wieder zwei Kohlköpfe!

Emma war früh auf. Es war ein wunderbarer Morgen. Sie füllte Shelties Wassertrog und gab ihm seine Futtermischung. Eine kleine Kelle voll, genau wie Miss Linny gesagt hatte. Und noch eine kleine Hand voll extra – das war Emmas Idee.

Emma wollte heute Springen üben. Sie konnte jetzt schon ziemlich gut reiten. Meistens ritt sie mit Sheltie über Mister Biggs' Wiesen zum Hufeisenteich. Dort lag ein dicker, umgestürzter Baumstamm, und über den wollte Emma eines Tages springen. Aber vorher musste sie noch viel üben.

Emma beschloss, ein kleines Hindernis auf der Koppel aufzubauen. Es sollte sechs Ziegelsteine hoch werden. Emma stapelte die Steine und legte eine Holzlatte darauf.

Sheltie war aufgesattelt, tänzelte mit leichtem Schritt herum und schnaubte. Seine Augen blitzten, als Emma aufstieg und sich im Sattel zurechtsetzte.

Emmas Mutter kam mit dem kleinen Joschua aus dem Haus. Er liebte es, Emma und Sheltie beim Reiten zuzusehen. Eines Tages würde er Sheltie auch reiten dürfen.

Sheltie trabte eine große Runde auf der Koppel. Dann näherte er sich im Galopp dem Sprung. Emma presste ihre

Fersen in seine Flanken. Wie ein Vogel hoben sie ab und flogen über das Hindernis. Joschua klatschte.

„Gut gemacht, Emma!“, rief ihre Mutter. „Gut gemacht, Sheltie!“

Sheltie schüttelte seine Mähne und sah sehr zufrieden mit sich aus. Sie trabten wieder eine Runde und nahmen den Sprung noch einmal.

Ganz plötzlich sah sich Sheltie um. Emma rutschten fast die Zügel aus der Hand. Sheltie starrte zum anderen Ende der Koppel und schnorchelte seltsam. Emma folgte seinem Blick und entdeckte Mister Crock, der über den Zaun linste.

Mister Crocks Anwesenheit machte Emma ganz nervös. Sie lenkte Sheltie zu ihrer Mutter und Joschua. Die Mutter bot Sheltie eine Möhre an, aber Sheltie interessierte sich mehr für Mister Crock. Nun blickte Emmas Mutter auch zu ihm hinüber und winkte ihm freundlich zu. Doch Mister Crock machte auf dem Absatz kehrt und stapfte die Straße zurück.

„So ein blöder Mann", sagte Emma. „Uns so nachzuspionieren!"

„Beachte ihn gar nicht, Emma", sagte ihre Mutter. „Übe einfach deine Sprünge und mach das Tor nachher gut zu."

Emma berührte den Schlüssel, der um ihren Hals hing. „Ich werde es nie vergessen, Mama. Das verspreche ich."

Kapitel Sieben

Als es dämmerte, begann Mister Crock eine neue Falle in seinem Garten zu bauen. Er bastelte eine Drahtschlinge und legte sie zwischen die Kohlreihen. Dann streute er Laub darüber.

In dieser Nacht blieb Mister Crock wieder lange auf. Er versteckte sich in seinem Schuppen und wartete.

Die Sonne ging unter, und der Mond ging auf. Der Nachthimmel war mit Sternen bedeckt, und die Schatten wurden lang und schwarz.

Sheltie stand auf seiner Koppel. Sein Kinn ruhte auf dem obersten Holzbalken. Er sah den Gartenweg hoch und beobachtete, wie die Lichter im Haus ausgingen. Eins nach dem anderen.

Dann richteten sich Shelties Ohren auf. Da lief wieder jemand die Straße entlang, auf Mister Crocks Garten mit dem leckeren, saftigen Gemüse zu. Sheltie schlug mit dem Schweif und trabte zum Ende der Koppel. Doch der Mann war bereits in der Dunkelheit verschwunden.

Sheltie stubste mit der Nase gegen die obere Stange des Zaunes. Sie war lose und wackelte ein bisschen. Sheltie gab ihr noch einmal einen Schubs. Dieses Mal knarrte sie und bewegte sich schon etwas mehr. Dann drückte Sheltie kräftig gegen die Stange. Jetzt löste sie sich und fiel ins Gras.

Der untere Holzbalken war sehr viel niedriger. Er war nicht mehr als sechs Ziegelsteine hoch. Sheltie drehte sich um und nahm Anlauf. Dann sprang er über den Zaun.

Sheltie folgte dem Mann auf der dunklen Straße. Seine lange wuschlige Mähne wehte und glänzte silbern im Mondlicht.

Über ihm rief eine Eule, und Sheltie blieb kurz stehen. Der Mann verschwand gerade durch das Gartentor in Mister Crocks Gemüsegarten. Sheltie folgte ihm.

Jetzt stand der Mann zwischen den großen, köstlichen Kohlköpfen und drückte mit einem Stock Zeichen in die Erde. Ganz unten am Stock war ein Hufeisen angebracht. Dann bückte sich der Mann und zog zwei Kohlköpfe aus der Erde. Sheltie schüttelte seine Mähne.

Plötzlich schrie der Mann auf. Sein Fuß hatte sich in der Drahtschlinge verfangen. Sheltie hörte das Scheppern von Blechdosen. Im nächsten Moment kam Mister Crock aus dem Schuppen gesprungen. Doch der Dieb war bereits verschwunden.

Mister Crock leuchtete mit seiner Taschenlampe im Garten herum. Sheltie stand wie angewurzelt, als ihn der suchende Lichtkegel von Mister Crocks Taschenlampe traf.

„Aha! Hab ich's mir doch gedacht!“, rief Mister Crock. „Auf frischer Tat ertappt!“ Er ging zu Sheltie und griff in seine Mähne. Sheltie bewegte sich nicht. Brav wie ein Lamm stand er da, während Mister Crock ihn an einem Baum festband.

„So“, sagte Mister Crock. „Wir werden ja sehen, was die Polizei dazu sagt!“

Als Emma am nächsten Morgen aufwachte, sah sie wie immer als Erstes aus ihrem kleinen Dachfenster. Ihr blieb fast die Luft weg, denn die Koppel war leer! Keine Spur von Sheltie!

Emma rannte die Treppe hinunter. In

dem Moment klingelte das Telefon, und Emmas Mutter ging ran. Es war Wachtmeister Gordon. Er sagte, Mister Crock hätte Sheltie letzte Nacht in seinem Gemüsegarten beim Kohlklauen erwischt. Ob sie so schnell wie möglich kommen könnten?

Emma fing an zu weinen. Und weil seine Schwester so unglücklich war, weinte Joschua gleich mit.

Emmas Vater schlüpfte sofort in seine Jacke und lief die Straße hinunter. Die Mutter trug Joschua und nahm Emmas Hand. Sie folgten ihm.

Wachtmeister Gordon stand mit Mister Crock im Gemüsegarten. Sheltie sah sehr unglücklich aus. Er war immer

noch an den Baum gebunden. Als das kleine Pony Emma sah, fing es an, mit den Hufen zu scharren. Es schüttelte den Kopf und schlug mit dem Schweif.

„Oh, armer Sheltie!“, rief Emma. Sie wollte zu ihm stürzen. Aber die Mutter hielt ihre Hand fest. Tränen kullerten aus Emmas Augen. Joschua schniefte und versteckte sein Gesicht an der Schulter seiner Mutter.

Wachtmeister Gordon begann mit ernster Stimme zu sprechen: „Mister Crock hörte letzte Nacht in seinem Garten ein ungewöhnliches Geräusch. Als er der Sache nachging, ertappte er Ihr Pony auf frischer Tat.“

Emmas Vater stand zwischen den noch verbliebenen Kohlköpfen. Er blickte nachdenklich zu Boden und entdeckte plötzlich einen langen Stock. An dessen Ende war ein Hufeisen befestigt. Als sich der Vater bückte, um den Stab aufzuheben, sah er die Drahtschlinge.

Und in der Schlinge lag ein alter Gummistiefel!

„Und was ist das?“, fragte er. Dabei hielt er den Stock und den Stiefel hoch, damit jeder sie sehen konnte. „Sieht so aus, als ob außer dem armen Sheltie noch jemand hier gewesen ist.“

Mister Crock wurde sehr still. Wachtmeister Gordon untersuchte das Hufeisen und verglich es mit den Hufabdrücken in der Erde. Sie waren gleich groß. Dann sah er sich den Gummistiefel an.

„Wer auch immer den Stiefel verloren hat“, verkündete der Polizist, „der hat auch diesen Stock benutzt, um Hufabdrücke zu hinterlassen.“

„Und wer auch immer das getan hat“, ergänzte Emmas Vater, „der hat auch Ihre Kohlköpfe gestohlen, Mister Crock.“

„Und es sollte so aussehen, als sei der arme Sheltie der Übeltäter“, fügte Emmas Mutter hinzu.

Emma ließ ihre Hand los, rannte zu Sheltie und umarmte ihn.

„Ich wusste, dass du es nicht warst, Sheltie. Ich wusste es einfach.“

Mister Crock grunzte. Ihm war klar, dass Emma Recht hatte. Aber zugleich wusste Sheltie als Einziger, wer die Kohlköpfe wirklich geklaut hatte.

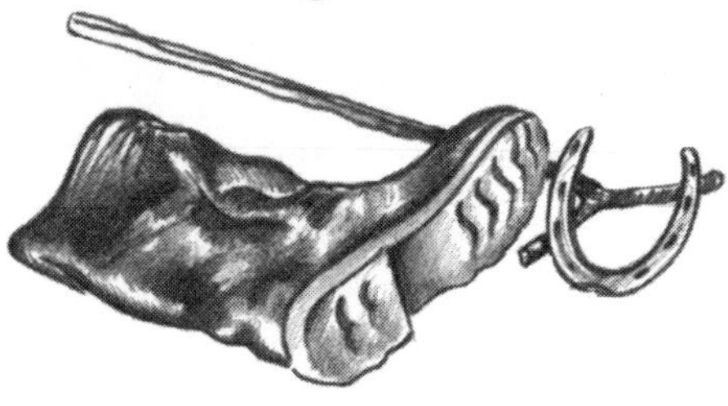

Kapitel Acht

Am späten Nachmittag kam Miss Linny vorbei. Sie erzählte, dass das ganze Dorf über Mister Crock und seine gestohlenen Kohlköpfe sprach. Der alte Fred Berry hatte sich sogar richtig über die Neuigkeit gefreut. Es ärgerte ihn schon lange, dass Mister Crock seit Jahren immer den Preis für den schönsten Kohlkopf gewann. So hätten bei diesem Sommerfest auch mal die anderen eine Chance.

Fred Berry und Mister Crock waren die besten Freunde gewesen, bis sie sich eines Tages heftig gestritten hatten. Das war über zehn Jahre her, und seitdem hatten sie kein Wort mehr miteinander gesprochen.

Emma war immer noch sehr unglücklich. Ihr Vater war auf der Koppel und reparierte den Zaun. Emma war auch auf der Koppel. Sie striegelte Sheltie gründlich, obwohl es gar nichts nutzte. Shelties Fell war dick und zottelig. Alles Striegeln der Welt änderte daran nichts. Aber Emma tat es gerne, und Sheltie mochte es. Immerhin gelang es Emma, die dicke Schlammkruste von seinen Beinen zu entfernen.

Die Sonne strahlte, und alle Wolken hatten sich verzogen.

Als Emma Miss Linny auf die Koppel kommen sah, lächelte sie und winkte ihr zu. Miss Linny versuchte Emma aufzumuntern und erzählte ihr von dem Sommerfest.

„Es ist nur noch ein paar Tage hin, Emma. Und es ist eine tolle Sache. Alle freuen sich schon das ganze Jahr darauf. Es gibt viele Stände, und man kann alles Mögliche kaufen: selbstgemachte Marmelade und Kuchen, eingelegte Früchte, alte Spielsachen und Trödel. Es gibt eine Tombola und Ringewerfen und Spiele und Wettkämpfe. Und ein großes Zelt, wo das Gemüse ausgestellt wird. Dort wird auch der größte und schönste Kohlkopf prämiert.“

Emma verzog das Gesicht, als Miss Linny das Gemüse erwähnte.

„Außerdem gibt es einen Wettbewerb für Hütehunde“, fuhr Miss Linny fort. „Alle Bauern bringen ihre Hunde mit, und die sollen dann sechs Schafe in einen kleinen Pferch treiben. Natürlich gibt’s auch eine Bude mit belegten Brötchen, Tee, Kaffee und Popcorn. Es ist wirklich toll, Emma. Ich wette, du kannst es kaum erwarten!“

Emma brachte ein schwaches Lächeln zustande.

„Und vergiss Sheltie nicht“, sagte Miss Linny fröhlich.

„Sheltie?“, fragte Emma.

„Aber ja! Auf dem Fest dürfen alle

Kinder mal auf Sheltie reiten. Das machen wir jedes Jahr so. Und du wirst helfen, Emma, ja? Du kannst Sheltie führen. Sheltie mag das sehr. Nicht wahr, Sheltie?“

Sheltie nickte und schnaubte laut. Bestimmt dachte er an die Leckerlis, die er nach jeder Runde bekam. Sheltie war schon ganz wild darauf.

Emma versprach, Sheltie für das Fest ordentlich zu putzen und sein Zaumzeug auf Hochglanz zu polieren. Sie war stolz auf Sheltie und wollte, dass er sich von seiner besten Seite zeigte. Dann aber biss sie sich auf die Unterlippe. „Wird Mister Crock auch da sein?“, fragte sie.

„Oh ja. Er würde das Sommerfest nie

verpassen. Er nimmt immer an dem Gemüsewettbewerb teil. Und bis jetzt hat er jedes Jahr den Kohlkopfpokal gewonnen. Aber mach dir keine Sorgen, Emma", sagte Miss Linny tröstend. „Wir werden alle da sein. Und wir werden dich und Sheltie vor Schwierigkeiten bewahren."

In den nächsten Tagen verschwanden keine Kohlköpfe mehr. Mister Crock hatte nur noch sechs übrig, und er bewachte sie Tag und Nacht. Am Morgen des Sommerfestes erntete er sie und legte sie vorsichtig in eine riesige Kiste. Die Kohlköpfe waren fast doppelt so groß wie Fußbälle.

Emmas Mutter war damit beschäftigt, kleine Kuchen für den Essensstand zu backen. Der Vater war auf dem Festplatz und half das Zelt für die Gemüseschau aufzubauen. Und Emma putzte Sheltie ein letztes Mal. Sie versuchte alle Knoten aus seiner Mähne zu bekommen. Sheltie stand ruhig und lammfromm da. Er freute sich auf die vielen Leckerlis.

Emmas Vater kam um elf Uhr die Kuchen holen und nahm Joschua mit auf den Festplatz. Die Mutter und Emma folgten etwas später. Mit Sheltie am Zügel gingen sie die Straße entlang, über Bauer Biggs' Wiese zum großen Festplatz. Ein riesiges weißes Zelt stand in der Mitte. Rundherum waren viele kleine Stände aufgebaut.

Um ein Stück Rasen waren Seile gespannt, und in der Mitte befand sich ein kleiner Holzpferch. Sechs Schafe waren darin. Sheltie mochte Schafe, und er hätte sie am liebsten gleich begrüßt. Emma musste die Zügel gut festhalten, um ihn daran zu hindern.

Es kamen immer mehr Leute. Miss

Linny war auch schon da. Sie hatte einen großen Strohhut auf und trug über der Schulter eine Tasche für das Geld, das sie beim Ponyreiten auf Sheltie einnehmen würden.

Das Geld und alle Standeinnahmen waren für die Reparatur des Gemeindehauses vorgesehen. Es sollte ein neues Dach bekommen.

Der kleine Joschua hatte ein großes Stück Schokoladenkuchen in der Hand. Er stand da und aß und hatte sich bis über die Ohren mit Schokolade beschmiert. Er bot Emma ein Stück an, und sie gab Sheltie ausnahmsweise auch ein kleines Eckchen.

Sheltie liebte Schokoladenkuchen.

Aber er bekam nur selten Süßigkeiten von Emma. Miss Linny hatte ihr erklärt, wie schlecht das für Shelties Zähne sei. Sheltie war das natürlich egal, und er stupste immer wieder mit der Nase an Emmas Anorak.

Um zwölf Uhr war das ganze Dorf versammelt. Auch Mister Crock kam mit seiner Kiste voller Kohlköpfe. Er trug sie in das große Zelt und legte sie auf die Holztische. Seine Kohlköpfe sahen wirklich sehr beeindruckend aus. Sie waren größer als alle anderen.

Der Kohlkopfpokal und die anderen Preise waren auf einem schmalen Tisch neben dem Eingang aufgestellt. Mister Crock sah auf den glänzenden silbernen

Pokal und lächelte in sich hinein. Die Verleihung des Kohlkopfpokals war der Höhepunkt des Sommerfestes.

Als Mister Crock aus dem Zelt kam, versteckte sich Emma hinter Miss Linny.

„Guten Tag, Mister Crock“, sagte Miss Linny. Mister Crock berührte seine Mütze und grunzte. Sheltie scharrte mit dem Huf und schnaubte laut.

Als Fred Berry mit einem Handwagen voller Kohlköpfe auf den Festplatz kam, wurde Sheltie sehr unruhig. Er prustete und schnaubte und schlug mit dem Schweif.

„Hallo, Fred“, sagte Miss Linny.

Fred Berry lächelte. „Was für ein wunderbarer Tag, Miss Linny.“

Dann blickte er Sheltie mit einer komischen Grimasse an und zog seinen Handwagen ins große Zelt.

Einer von Fred Berrys Kohlköpfen war riesig. Er war größer als alle anderen. Sogar größer als die von Mister Crock. Fred legte ihn vorsichtig neben sein Namensschildchen auf den Tisch.

Als er das Zelt verließ, lächelte Fred Emma freundlich an. Sheltie stampfte mit dem Huf. Irgendetwas schien ihn aufzuregen. Aber Emma kam nicht darauf, was es sein könnte.

Kapitel Neun

Ein kleiner Junge kam auf Emma zu. Er hatte ein Geldstück in der Hand und fragte, ob er Sheltie reiten dürfe. Miss Linny nahm das Geld, setzte dem Jungen eine Reitkappe auf und half ihm in den Sattel.

Emma führte Sheltie langsam um den Festplatz herum. Sheltie benahm sich vorbildlich und ging in gleichmäßigem Schritt vorwärts. Emma war sehr stolz auf ihr Pony. Als der Ritt vorbei war, gab sie Sheltie ein Möhrchen. Er verschlang es mit einem lauten Knacken.

Emma hatte alle Hände voll zu tun, denn nun kamen immer mehr Kinder, die auch einmal reiten wollten. Emma führte sie alle, eines nach dem anderen, um den Festplatz herum.

„Was für ein liebes Pony!“, riefen die Mütter und Väter. Sie tätschelten Sheltie und lachten, wenn er sich gierig auf die Möhrchen stürzte.

Auch der kleine Joschua durfte eine Runde reiten. Er strahlte, als er mit Sheltie um den Platz ritt. Seine Mutter lief neben ihm her. Sheltie war besonders vorsichtig und ging ganz ruhig und gleichmäßig. Aber als sie an Fred Berry vorbeikamen, legte Sheltie seine Ohren an, und seine Augen bekamen einen seltsamen Ausdruck.

Dann sollte das Gemüse prämiert werden, und alle strömten in das große Zelt. Emma blieb mit Sheltie am Eingang stehen und schaute von dort aus zu.

Als Höhepunkt wurde der Kohlkopfpokal vergeben. Emma hörte die Ansage durch den Lautsprecher: „Der erste Preis und Kohlkopfpokal geht dieses Jahr an Mister Fred Berry!"

Emma sprang zurück, als Mister Crock aus dem Zelt stürmte.

„Bahh!", sagte er und lief davon.

Applaus klang aus dem Zelt, und Fred Berry tauchte auf. Freudestrahlend hielt er den glänzenden Pokal in die Höhe. Und wieder legte Sheltie seine Ohren an, und seine Augen bekamen erneut diesen seltsamen Ausdruck.

Was hat Sheltie nur?, dachte Emma. Sie konnte es sich nicht erklären.

Das nächste Ereignis war der

Wettbewerb für Hütehunde. Die Schafe wurden aus dem Holzpferch gelassen. Nun sollte ein Hund die sechs Schafe einkreisen und sie innerhalb von zwei Minuten wieder in den Pferch treiben.

Die Bauern versuchten, ihre Hunde mit Pfiffen zu dirigieren. Der kleine Joschua hüpfte auf und ab und versuchte ebenfalls zu pfeifen. Aber es kam nur ein Krächzen dabei heraus.

Die Hunde gaben ihr Bestes und rannten wie wild hin und her. Manchmal blieben die Schafe auf einem engen Haufen stehen, und manchmal stoben sie in verschiedene Richtungen auseinander. Die meisten Hunde schafften es, zwei oder drei Schafe in den Pferch zu

treiben. Aber keinem gelang es, alle einzukreisen.
Der letzte Hund im Wettbewerb war Mister Biggs' schwarz-weißer Collie. Er war besonders gut und brachte vier Schafe in den Pferch. Alle klatschten Beifall, und Mister Biggs freute sich sehr.
Dann passierte etwas Seltsames. Während Emma den Wettbewerb verfolgte, riss sich Sheltie plötzlich los. Die Zügel glitten Emma aus der Hand, und Sheltie rannte in Richtung Wiese.

Die Schafe befanden sich wieder außerhalb des Pferchs und knabberten in aller Ruhe am Gras herum. Sheltie ging an die Arbeit. Ganz allein, ohne Hilfe von irgendjemandem, kreiste er die Schafe

Emma sah zu, wie Sheltie die Tiere zu einem kleinen Haufen zusammentrieb und dann direkt in die Umzäunung drängte. Alle sechs Schafe waren sicher im Pferch!

Die Menge schrie und klatschte. Sogar Mister Biggs war begeistert. Er wirbelte seine Mütze immer wieder in die Luft.

Miss Linny ging auf die Wiese, um Sheltie einzufangen.

„Guter Junge, Sheltie, guter Junge." Sie wollte nach seinem Zügel greifen. Aber Sheltie hatte keine Lust, sich einfangen zu lassen. Er hatte viel zu viel Spaß! Seine Augen blitzten, und er schüttelte seine lange Mähne. Dann rannte er wieder davon.

Sheltie trabte zielstrebig über die Wiese und in das große Zelt. Man hörte ein lautes Scheppern. Das Pony hatte den Tisch mit den Preisen und Pokalen umgeworfen.

Dann schnappte Sheltie mit den Zähnen nach Fred Berrys Gewinnerkohl und rannte aus dem Zelt. Ein paar Leute streckten die Arme aus und versuchten, ihn zu stoppen. Aber Sheltie war zu schnell. Er stürmte vorwärts, den Kohlkopf im Maul.

Der Kohl war wirklich riesig. Er war so groß, dass Sheltie gar nichts mehr sehen konnte. Er rannte genau auf die Schnur mit den kleinen Fähnchen zu, die um das Feld gespannt war. Die Schnur riss und hing samt der Fähnchen um Shelties Hals.

Sheltie lief, so schnell er konnte. Die ganze Zeit zog er die Fähnchenschnur hinter sich her. Das sah sehr lustig aus, und Emma musste lachen, obwohl Sheltie so ungezogen war. Die anderen Leute lachten auch. Joschua hüpfte aufgeregt auf und ab. Wachtmeister Gordon und eine Menge anderer Leute setzten Sheltie nach und riefen ihn. Aber Sheltie blieb nicht stehen. Er jagte über den Platz und durch das offene Tor hinaus. Von dort aus gelangte er auf einen schlammigen Weg, der zu den Schrebergärten führte. Die Schrebergärten waren kleine Landstückchen mit hübschen Beeten und kleinen Schuppen. Hier pflanzten einige der Dorfbewohner ihr Gemüse an.

Die Hunde der Bauern bellten laut und führten die Menge an. Alle liefen hinterher, um zu sehen, was Sheltie als Nächstes anrichten würde. Als Sheltie die Schrebergärten erreichte, rannte er wie verrückt hin und her. Es sah aus, als würde er etwas suchen. Plötzlich blieb er vor einem der Schuppen stehen.

Kapitel Zehn

Emmas Vater war als Erster bei Sheltie. Er löste die Fähnchenschnur von seinem Hals. Sheltie ließ den Riesenkohlkopf vor der Schuppentür fallen und wieherte laut. Emma hatte Sheltie noch nie so aufgeregt erlebt. Als Wachtmeister Gordon und die anderen ankamen, stampfte Sheltie mit den Hufen.

„Dieses Pferd ist eine Plage!“, rief Mister Crock. Er hatte alles mitbekommen und war wie alle anderen hinter Sheltie hergerannt.

„Es sollte irgendwo eingesperrt werden! Damit es nicht noch mehr Schaden anrichten kann!“

Sheltie begann gegen die Tür zu treten.

„Hör auf, Sheltie! Hör sofort auf!“, sagte Emmas Vater streng.

Aber Sheltie hörte nicht auf. Emma versuchte Sheltie wegzuziehen, aber er rührte sich nicht von der Stelle.

„Irgendetwas muss dadrin sein“, sagte Miss Linny. Sie linste durch einen kleinen Spalt in der Holztür.

„Wem gehört dieser Schuppen?“, fragte Wachtmeister Gordon.

Fred Berry trat vor. Er sah sehr schuldbewusst aus. In den Händen hielt er immer noch den Kohlkopfpokal.

„Mir“, sagte er. „Es ist mein Schuppen.“

„Und was ist dadrin? Was könnte das Pony so aufregen?“, fragte der Polizist.

„Nur altes Werkzeug, Blumentöpfe, dies und das“, antwortete Fred.

Sheltie wieherte plötzlich laut. Emma sprang erschrocken zurück.

„Würde es Ihnen etwas ausmachen, die Tür zu öffnen, Mister Berry? Dann könnten wir einen Blick hineinwerfen.“

Freds Gesicht wurde dunkelrot.

„Aber es ist gar nichts Besonderes drin“, sagte er. „Nur ein Haufen Gerümpel.“

„Dann wird es Ihnen ja sicher nichts ausmachen, uns aufzumachen, nicht wahr?“

Fred Berry hatte keine Wahl. Er zog einen Schlüssel aus seiner Jackentasche und öffnete die Tür.

Alle drängten heran, um zu sehen, was Sheltie an dem Schuppen so beunruhigt hatte. Wachtmeister Gordon trat ein, und Emmas Vater folgte ihm.

„So, so. Und was ist das hier, bitte schön?“, fragte der Polizist. Mister Crock drängelte durch die Menge nach vorne und stand in der offenen Tür. Er schaute hinein.

„Meine Kohlköpfe!“, rief er. „Meine gestohlenen Kohlköpfe! Ich wusste, dass sie irgendwo sein müssen.“ Und da waren sie. Auf einer Holzbank an der hinteren Schuppenwand lagen sieben riesige grüne Kohlköpfe. Es war Mister Crocks Wettbewerbsgemüse.

Auf dem Boden vor der Bank stand ein alter Gummistiefel. Wachtmeister Gordon bückte sich und hob ihn auf. Er sah genauso aus wie der, den sie in Mister Crocks Garten gefunden hatten.

„Und was haben Sie zu all dem zu sagen, Mister Berry?“, fragte der Polizist.

Der arme alte Fred war des Diebstahls überführt.

„Also gut“, sagte er. „Ich gebe es zu. Ich habe die Kohlköpfe gestohlen.“

„Dieb!“, brüllte Mister Crock. „Kriegst deine eigenen nicht groß und meinst dafür meine stehlen zu können!“

„Haben Sie irgendeine Erklärung,

Mister Berry?“, fragte Wachtmeister Gordon. Fred Berry senkte beschämt den Kopf.

„Ich habe sie gestohlen, weil der alte Crock jedes Jahr den Kohlkopfpokal gewinnt“, sagte Fred. „Seine Kohlköpfe sind immer größer als meine und besser als die von jedem anderen. Ich wollte auch mal gewinnen. Nur einmal. Ich wollte nur ein einziges Mal den Preis gewinnen.“ Er hielt den Pokal eng an seine Brust gedrückt.

Fred tat Emma leid. Obwohl Emma wusste, dass Fred falsch gehandelt hatte, schien er kein schlechter Mensch zu sein.

Auch Miss Linny hatte Mitleid. „Ich kann mich an Zeiten erinnern, als ihr beiden die besten Freunde wart“, sagte sie. „Vor vielen Jahren, vor eurem dummen Streit.“

Mister Crock nickte langsam und sah sehr nachdenklich aus.

„Was Sie getan haben, war falsch“, sagte der Polizist.

„Ich weiß. Es tut mir wirklich leid“, murmelte Fred.

Plötzlich redete Emma. Sie war den Tränen nahe. „Sie sind zwei verrückte alte Männer“, sagte sie. „Sie sollten sich die Hände schütteln und wieder Freunde sein, wie früher.“

Wachtmeister Gordon zog eine Braue hoch. „Ganz so einfach ist das nicht, Fräulein“, sagte er. „Immerhin wurde ein Diebstahl angezeigt.“

Mister Crock blickte zu Boden und dachte nach. Er sah jetzt nicht mehr so wütend aus. Emma fand, dass er plötzlich sehr traurig wirkte.

„Bahh!“, sagte Mister Crock. Er trat auf den Polizisten zu.

„Es ist nicht nötig, irgendwen einzusperren“, sagte er. „Es sind ja schließlich meine Kohlköpfe. Und wenn es mir nichts ausmacht, dass Mister Berry sie genommen hat, dann gibt es auch keinen Diebstahl.“

Der Polizist sah ihn verwirrt an.

„Aber Sie haben doch gesagt, dass sie gestohlen wurden, Mister Crock.“

„Ich hab's mir eben anders überlegt. Ich möchte nicht, dass irgendwer Scherereien wegen so etwas Blödem wie Kohl bekommt. Sagen wir mal, sie sind verlorengegangen und jetzt habe ich sie wiedergefunden."

„Oh, toll, Mister Crock!", rief Emma.

Mister Crock schüttelte Fred Berrys Hand.

„Lasst uns diese blöde Geschichte einfach vergessen", sagte er und lächelte dann Emma zu. „Es tut mir leid, dass ich dein kluges Pony verdächtigt habe."

Sheltie schnaubte laut.

„Nun, Mister Crock, wenn Sie das so sehen", sagte der Polizist, „dann ist ja nichts Unrechtes passiert."

Fred Berry reichte Mister Crock den glänzenden Kohlkopfpokal. „Ich denke, er gehört dir“, sagte Fred. „Schließlich war es einer von deinen Kohlköpfen, der den ersten Preis gewonnen hat.“

Mister Crock sah verlegen aus.

„Nein, Fred“, sagte er. „Behalte ihn.“

„Ich habe eine Idee“, rief Emma. „Warum arbeiten Sie nicht zusammen? Und nächstes Jahr gibt es dann die größten Kohlköpfe, die das Dorf je gesehen hat!“

Alle stimmten zu.

„Was für eine tolle Idee. Die perfekte Lösung“, sagte Emmas Vater. Er war sehr stolz auf seine Tochter.

„Und war Sheltie nicht klug?“, fragte

Emma. Sie gab ihm zwei Möhrchen extra.

Alle waren sich einig, dass Sheltie wunderbar war.

Mister Crock war sehr glücklich, seinen alten Freund wiederzuhaben, und alles hatte ein gutes Ende. Sie gingen gemeinsam zum großen Zelt auf dem Festplatz zurück, um sich mit Brötchen, Tee und Kuchen zu stärken.

Doch als sie das Zelt betraten, erlebten sie eine böse Überraschung: Die Schafe hatte in der Zwischenzeit alles aufgefressen. Alle Brötchen, den ganzen Kuchen und jeden einzelnen Kohlkopf vom Gemüsetisch! Aber alle nahmen es mit Humor, sogar Mister Crock. Es war das erste Mal seit Jahren, dass man ihn lachen sah.

Was für ein aufregender Nachmittag! Es war das beste Sommerfest aller Zeiten. Sheltie bekam noch eine blaue Rosette für das Zusammentreiben der sechs Schafe.

Emma war schrecklich stolz auf ihn. Sie befestigte die Rosette an Shelties Zaumzeug und stellte sich neben ihn, als ihr Vater ein Foto machte.

„Lächeln, Emma! Du auch, Sheltie!“

Sheltie warf seinen Kopf zurück und zog die Lippen hoch. Er war wirklich ein ganz besonderes Pony.

Peter Clover

Wie Sheltie einen Freund fand

Kapitel Eins

An einem schönen Frühlingstag spielten Emma und Sheltie auf der Koppel Frisbee. Emma versuchte, dem kleinen Shetlandpony beizubringen, wie man die tellerförmige Scheibe fängt.

Sheltie war ein kluges Pony und hatte viel Spaß an dem neuen Spiel. Trotzdem klappte es nicht richtig. Er konnte die Scheibe einfach nicht fangen.

Emma warf noch mal. Die Scheibe flog durch die Luft und landete vor Shelties Hufen. Das Shetlandpony schnaubte und schüttelte seine lange wuschelige Mähne. Dann senkte es den Kopf. Es nahm die Plastikscheibe zwischen die Zähne und warf sie mit einer schnellen Kopfbewegung hoch in die Luft.

Der kleine Joschua sah mit der Mutter vom Koppelzaun aus zu. Begeistert klatschte er in die Hände, als Sheltie das Frisbee wegschleuderte.

„Sheltie ist bestimmt das einzige Pony auf der Welt, das Frisbee spielen kann", sagte die Mutter.

Emma belohnte Sheltie mit einigen Möhrchen. Die mochte er am liebsten.

„Nur im Fangen ist er nicht besonders gut", sagte Emma.

Aber das machte nichts. Sheltie war ein Pony und kein Mensch. Und Emma musste jedes Mal lachen, wenn er das Frisbee mit den Zähnen aufhob und rückwärts über seinen Kopf schleuderte.

Am nächsten Tag wartete eine Überraschung auf Emma. Wie jeden

Morgen ging sie als Erstes zum Fenster, um nach Sheltie zu sehen. An diesem Morgen jedoch war alles anders.

Sheltie stand zwar wie immer am Gatter und legte sein weiches Kinn auf den obersten Balken des Zaunes. Aber direkt neben ihm stand ein kleiner schwarzer Esel.

Emma rieb sich verblüfft die Augen, dann sah sie wieder zur Koppel: Der Esel war immer noch da.

„Wo kommst du denn her?“, überlegte Emma laut. Sie zog sich rasch an und lief nach unten.

Ihre Eltern saßen schon beim Frühstück und grinsten bis über beide Ohren.

„Hast du den Esel gesehen, Emma?“, sagte der Vater. „Er heißt Langohr.“

An diesem Morgen schien es Emma eine Ewigkeit zu dauern, bis sie vom Frühstück aufstehen durfte.

Kapitel Zwei

Der kleine schwarze Esel war fast genauso groß wiE Sheltie, aber nicht ganz so dick. Sie standen nebeneinander am Koppelzaun und sahen Emma, Joschua und den Eltern entgegen. Als der Esel Emma erblickte, warf er den Kopf zurück und begrüßte sie mit einem lauten „Iah“.

Emma musste lachen, und sie streichelte Langohrs Kopf. Seine Mähne fühlte sich sehr borstig an.

Sheltie schnaubte und stupste den Esel mit seiner weichen Schnauze.

Langohr wieherte wieder. Seine langen Ohren wackelten wie bei einem großen Hasen.

„Ist er nicht süß?“, fragte die Mutter. Sie hob Joschua hoch, damit er besser sehen konnte.

„Wem gehört er?“, fragte Emma.

„Erinnerst du dich an Millie Walker?“ Der Vater wandte sich an Emma. „Das ist die alte Dame, die in dem Haus unterhalb des Haselberges lebt.“

Emma wusste sofort, wen er meinte: Millie Walker hatte neun Katzen! Sie nahm streunende und verwaiste Kätzchen bei sich auf.

„Langohr gehört Millie“, erklärte die Mutter. „Die Arme hat seit Ewigkeiten keinen Urlaub mehr gemacht. Sie wollte ihre Katzen nicht alleine lassen und deshalb ist sie nie weggefahren."

„Millie hat eine Schwester", sagte der Vater.

„Und irgendwo auch einen Bruder", ergänzte die Mutter.

„Ja, aber niemand weiß, wo er ist", sagte der Vater. „Stell dir vor, Emma, Millie hat ihre Schwester seit sechs Jahren nicht mehr gesehen. Wir alle hier im Dorf finden, es ist höchste Zeit, dass Millie sie endlich einmal wieder besucht. Und so lange sie weg ist, kümmern wir uns um Langohr."

Emma war von der Idee begeistert. Auch Sheltie schien sehr zufrieden mit der Regelung. Er schnaubte und stieß Langohr leicht in die Seite.

Der kleine Esel wieherte, dann galoppierte er übermütig rund um die Koppel. Sheltie raste natürlich sofort hinterher und versuchte, ihn einzuholen.

„Und wer sieht nach den Katzen?", fragte Emma.

„Miss Marsch wird im Haus wohnen, und der Gärtner will ab und zu nach dem Rechten sehen", sagte der Vater.

„Eine von Millies Katzen hat Junge, Emma. Hast du nicht Lust, mit Sheltie nach der Schule hinzureiten und sie anzusehen?"

„Oh ja, gerne", sagte Emma.

Joschua zappelte in den Armen seiner

Mutter. Er wollte auch gern die Kätzchen sehen.

Emma öffnete das Koppeltor und gab Sheltie und Langohr ihr Frühstück. Der Vater hatte einen Eimer für den kleinen Esel in Shelties Stall gestellt. Der Eimer steckte in einem alten Autoreifen, damit er nicht umfallen konnte.

Sheltie und Langohr stürzten sich gierig auf ihr Frühstück. Zufrieden sah Emma ihnen beim Fressen zu.

Dann füllte sie mit dem Gartenschlauch den Wassertrog. Langohr pustete Luftblasen ins Wasser. Emma spritzte ihn an, und mit einem lauten „Iah“ warf Langohr seinen Kopf zurück. Sheltie antwortete mit einem ebenso lauten Schnauben und jagte seinen neuen Freund über die Koppel.

„Ich weiß nicht, wer von den beiden schlimmer ist“, lachte die Mutter. „Sheltie oder Langohr. Ich glaube, du wirst diese Woche viel zu tun haben, Emma!“

Kapitel Drei

Gleich nach der Schule ritt Emma mit Sheltie zu Millie Walkers Haus. Sie freute sich schon sehr darauf, die jungen Kätzchen zu sehen.

Das Haus lag etwas außerhalb des Dorfes in einem kleinenTal am Fuße des Haselberges.

Als Sheltie auf das Häuschen zutrabte, sah Emma, wie jemand über Millies niedrige Gartenmauer kletterte.

Sie hatte den Mann noch nie zuvor gesehen. Er war ziemlich alt, seine Kleider sahen schäbig aus, und er trug einen Rucksack über der Schulter. Emma war zu weit weg, um ihn richtig zu erkennen, aber sie konnte sehen, dass er im Wald hinter dem Haus verschwand. Vielleicht war es der Gärtner?, überlegte Emma.

Emma stieg ab und führte Sheltie durch das Gartentor und die Auffahrt entlang zur Haustür. Hier musste Sheltie auf sie warten.

Dann klopfte Emma an die rot gestrichene Tür. Aber es kam niemand. Sie klopfte noch einmal, etwas lauter. Nun hörte sie im Haus Schritte. Dann ging die Tür auf, und Miss Marsch stand auf der Schwelle.

„Hallo“, sagte Emma. „Ich möchte mir

gern die Kätzchen ansehen." Sie strahlte Miss Marsch an.

„Oje", sagte Miss Marsch. „Na, dann komm mal rein, Emma. Weißt du, eines der Kätzchen fehlt. Ich kann es nirgends finden. Vielleicht kannst du mir helfen?"

Emma suchte in allen Ecken und Winkeln. Sie suchte alle Plätze ab, an denen Katzen sich gern verstecken. Sie suchte sogar draußen im Garten, aber nirgends fand sie eine Spur.

„Vielleicht wollte es nur ein wenig auf Entdeckungsreise gehen", überlegte Emma. „Wenn es hungrig ist, kommt es schon wieder. Das machen Katzen immer."

„Aber es ist noch so klein", sagte Miss Marsch. „Wo kann es nur hingelaufen sein?"

Emma blieb noch eine halbe Stunde und spielte mit den anderen Kätzchen. Als sie schließlich gehen musste, war das vermisste Kätzchen noch immer nicht zurück.

Auf dem Nachhauseweg fiel Emma plötzlich der alte Mann mit dem Rucksack ein, der so schnell über die Gartenmauer geklettert und im Wald verschwunden war. Emma fand es immer noch seltsam.

Was hatte er wohl in dem Rucksack?, dachte Emma. Vielleicht war es das Kätzchen!

Als sie zur Koppel zurückkam, legte ihr Vater dem Esel gerade ein merkwürdiges Geschirr an. Emma staunte nicht schlecht, als der Vater einen lustigen kleinen Karren hinter Shelties Stall hervorholte.

Sheltie schnaubte laut, und Langohr antwortete mit einem noch lauteren „Iah“.

„Wofür ist das?“, fragte Emma. Sie sprang aus dem Sattel, um sich das Ding genauer anzusehen.

Der kleine Karren war knallbunt bemalt. Er hatte zwei große Räder und vorne eine kleine Sitzbank. Zwei lange Stangen passten genau in Langohrs Geschirr.

„Das ist Langohrs Fischkarren“, erklärte der Vater. „Langohr gehörte Millies Bruder. Der zog immer von Haus zu Haus und verkaufte frischen Fisch. Das ist schon sehr viele Jahre her. Millies Bruder ist dann irgendwann von hier weggegangen. Jetzt benutzt Millie den Karren für ihre Einkäufe. Langohr machen die Fahrten großen Spaß, nicht wahr, Langohr?“

Der schwarze Esel reagierte mit einem lauten „Iah“.

„Möchtest du mal fahren, Emma?“, fragte der Vater.

„Oh ja!“, sagte Emma. Aber vorher nahm sie Sheltie noch den Sattel ab und streifte ihm das Zaumzeug über den Kopf. Sorgfältig legte sie alles auf den obersten Balken des Koppelzaunes. Dann kletterte sie in den Wagen.

Die Mutter kam mit Joschua aus dem Haus, um zuzusehen.

Emma nahm die Fahrleine auf, und ihr Vater führte den Esel einmal um die Koppel. Sheltie hielt das für ein tolles Spiel und trottete nebenher. Er warf den Kopf zurück und schlug aufgeregt mit dem Schweif.

Als Emma sich an die Leinen gewöhnt

hatte, ließ der Vater los, und Emma lenkte den kleinen Fischkarren alleine um die Koppel. Dann wollte Joschua auch Kutsche fahren.

Also setzte ihn die Mutter neben seine große Schwester, und Langohr zog sie beide. Joschua gluckste vor Vergnügen, während sie gemütlich um die Koppel zockelten.

Als die Fahrt vorbei war, nahm die Mutter Joschua wieder mit in die Küche. Zum Abendessen sollte es Pizza geben, und es war noch viel vorzubereiten.

Der Vater nahm Langohr das Geschirr ab und rollte die Kutsche hinter Shelties Stall. Dann ging er ins Haus, um bei der Pizza zu helfen.

Kapitel Vier

Emma blieb noch eine Weile bei Sheltie auf der Koppel. Sie wollte gerade seinen Sattel und sein Zaumzeug wegräumen, als sie einen fremden Mann bemerkte. Er stand am Zaun und redete auf Langohr ein. Er kraulte Langohrs Ohren, und dem Esel schien das sehr zu gefallen.

Der alte Mann sah aus wie der Gärtner, den Emma bei Millies Haus gesehen hatte.

„Guten Tag, kleines Fräulein“, sagte der Mann höflich. „Du hast ja einen tollen Esel. Ich könnte so einen gebrauchen.“

Was meinte er wohl damit? Emma verzog das Gesicht und sagte: „Er gehört uns nicht. Wir passen nur auf ihn auf, so lange Millie Walker nicht da ist.“

„Aha“, sagte der Mann mit einem Lächeln. Dann tippte er höflich an seine Mütze und verabschiedete sich.

Emma sah dem Mann hinterher. Obwohl sie ihm noch nie zuvor begegnet war, kam er ihr bekannt vor. Er erinnerte sie an jemanden, aber sie wusste nicht, an wen.

Emma räumte schnell Shelties Sattel und Zaumzeug weg. Dann lief sie ins Haus, um ihren Eltern von dem Mann zu erzählen.

„Das klingt nicht nach Mister Rick, dem Gärtner“, sagte ihr Vater. „Vielleicht war es ein Aushilfsarbeiter. Mister Biggs hat gerade einen eingestellt.“

„Ich konnte ihn jedenfalls nicht

leiden“, sagte Emma. „Er war hinter Langohr her.“

„Er wollte wahrscheinlich nur freundlich sein“, meinte ihre Mutter.

Der Vater verteilte die Pizza auf die Teller, und die Mutter trug sie zum Küchentisch. Dann setzten sich alle zum Essen.

An diesem Abend lag Emma noch lange wach. Sie dachte an das vermisste Kätzchen. Ob Miss Marsch es schon gefunden hatte? Gleich morgen wollte sie hinreiten und nachfragen.

Doch am nächsten Morgen machte Emma eine schreckliche Entdeckung. Als sie zur Koppel kam, war kein Langohr zu sehen. Aber das Tor zur Koppel war verschlossen und der Riegel richtig vorgeschoben. Sie fand auch kein Loch im Zaun. Trotzdem war Langohr weg.

Emma rannte ins Haus zu ihrer Mutter. Die Mutter konnte es nicht glauben. Sie ging hinaus, um selbst nachzusehen.

Sheltie schüttelte seinen Kopf und sauste auf der Koppel herum. Unter dem Baum blieb er stehen.

„Was ist passiert, Sheltie?“, fragte die Mutter. „Wo ist Langohr?“

Sheltie starrte nach oben in die Zweige des Baumes. Er schnaubte laut und scharrte mit dem Huf im Gras.

Emma folgte seinem Blick und sah eine Mütze in den Zweigen hängen.

„Wie kommt denn die da hin?“, fragte Emma verwundert. Die Mutter holte einen Besen und stieß die Mütze damit vom Ast.

Als die Mütze herunterfiel, lief Sheltie hin und nahm sie zwischen seine Zähne.

Dann warf er sie wie eine Frisbeescheibe mit einer schnellen Kopfbewegung in die Luft.

„Hast du die Mütze da hinaufgeworfen, Sheltie?“, fragte die Mutter.

„Bestimmt“, sagte Emma. „Ich wette, Langohrs Dieb hat die Mütze verloren und Sheltie hat sie auf den Baum geworfen.“

„Wir sagen besser Papa Bescheid und rufen die Polizei“, beschloss die Mutter.

Kapitel Fünf

Eine halbe Stunde später kam Wachtmeister Gordon angeradelt. Er untersuchte das Schloss und den Riegel am Tor. Dann kratzte er sich am Kopf.

„Und Sie sagen, es gibt keine Spur von dem Esel?“

Der Vater schüttelte den Kopf. „Wir haben überall nachgesehen.“

„Wir haben auch nach ihm gerufen“, sagte die Mutter. „Er ist einfach weg.“

„Jemand hat ihn gestohlen!“, rief Emma. „Ich wette, es war dieser Mann.“

„Dafür gibt es noch keinen Beweis, Emma“, erwiderte der Polizist.

Er ging noch einmal um die Koppel und prüfte den Zaun. Aber er entdeckte keinen Hinweis darauf, wie Langohr verschwinden konnte.

„Das haben wir gefunden.“ Die Mutter gab dem Polizist die Mütze.

„Die kann jedem gehören“, sagte der Wachtmeister.

„Ich bin sicher, sie gehört dem Dieb“, rief Emma.

„Ich werde den Vorfall melden und eine Fahndung veranlassen“, sagte der Polizist. „Aber ich fürchte, wenn Ihr Esel gestohlen wurde, ist er jetzt schon weit weg.“

„Oje“, seufzte die Mutter. „Was sollen wir nur Millie sagen!“

Wachtmeister Gordon untersuchte die Straße nach frischen Reifenspuren. Aber er fand keine. Seit Wochen hatte es nicht geregnet, und die Straße war trocken und staubig.

Auch Fußspuren waren nicht zu erkennen, ebenso wenig Hufspuren oder Reifenspuren. Es gab überhaupt keine Spuren. Und vor allem keinen Langohr.

„Sheltie muss gesehen haben, wer Langohr mitgenommen hat“, überlegte Emma laut.

Wachtmeister Gordon lächelte. „Nur leider kann er es uns nicht sagen, nicht wahr, Emma?“

Natürlich kann er das, dachte Emma. Aber sie sagte es nicht.

Nachdem der Polizist gegangen war, suchte Emma noch einmal die Koppel ab, während ihre Eltern beratschlagten, was nun zu tun war. Die Mutter sah sehr besorgt aus.

„Arme Millie, wir verderben ihr den ganzen Urlaub."

„Wir sollten Millie jetzt noch nicht anrufen", fand der Vater. „Wir warten noch ein bisschen. Vielleicht findet die Polizei Langohr schon morgen."

Draußen auf der Koppel schnüffelte Sheltie im langen Gras am Torpfosten herum. Er scharrte mit dem Huf und stieß mit der Nase immer wieder in ein Büschel

Brennnesseln, die dort wuchsen. Emma ging hinüber, um zu sehen, was Sheltie so interessierte.

Sheltie stieß seinen Kopf wieder ins hohe Gras und schnaubte. Vorsichtig bog Emma die Brennnesseln mit dem Fuß auseinander. Sie fand einen kleinen roten Wollfetzen, der sich in einem dornigen Zweig am Torpfosten verhakt hatte. Er war nicht größer als eine Briefmarke.

Emma zeigte das Stückchen Stoff ihren Eltern.

„Es könnte von einem Pullover oder einem Schal sein“, sagte ihre Mutter. „Von uns hat keiner etwas in der Farbe. Der Fetzen liegt wahrscheinlich schon ewig da rum, Emma.“

Aber Emma glaubte das nicht. Sheltie auch nicht. Es war ganz sicher ein Hinweis.

Emma steckte den roten Wollfetzen in ihre Hosentasche.

„Ich hoffe, die Polizei findet den Dieb bald“, sagte Emma. „Warum hat er Langohr überhaupt gestohlen? Warum stiehlt jemand einen Esel?“

„Es gibt viele Möglichkeiten“, erklärte

der Vater. „Wahrscheinlich wird er auf einem Markt als Arbeitsesel verkauft."

„Armer Langohr", sagte Emma. „Wie schrecklich. Er ist doch viel zu alt, um zu arbeiten. Und er wird Millie vermissen." Sie war den Tränen nahe. Und sie musste immer daran denken, wie schrecklich es wäre, wenn Sheltie gestohlen worden wäre.

Kapitel Sechs

Als der Vater am nächsten Tag von der Arbeit kam, saßen alle um den Küchentisch. Emma und Joschua malten. In der Schule hatte Emma ständig an den armen Langohr gedacht. Inzwischen hatte sie acht Bilder gemalt. Lauter Esel.

Der Vater rief bei der Polizei an. Doch die Suche hatte nichts ergeben. Die Polizisten waren sogar auf Mister Biggs' Hof gewesen, um den neuen Arbeiter zu befragen. Aber er war nicht mehr da gewesen. Er hatte längst alle Arbeiten erledigt. Sogar das alte rostige Tor am Kuhstall hatte er ausgebessert. Mister Biggs hatte ihn bezahlt, und er war weitergezogen.

Später ritten Emma und Sheltie zu Miss Marsch. Emma hoffte sehr, dass das Kätzchen inzwischen wieder aufgetaucht war. Leider vergeblich.

„Ich habe gesucht und gesucht", sagte Miss Marsch. „Aber ich kann es einfach nicht finden. Es ist verschwunden."

„Oder gestohlen", sagte Emma. Sie erzählte Miss Marsch von Langohr und dem Mann, der über die Gartenmauer geklettert war.

„Das war nicht Mister Rick, der Gärtner. Er kommt erst morgen wieder", sagte Miss Marsch. Sie sah Emma verwirrt an.

„Dann bin ich sicher, der Mann war es. Er hat das Kätzchen gestohlen“, sagte Emma. „Und jetzt auch Langohr.“

Miss Marsch wusste nicht, was sie davon halten sollte.

Emma spielte eine Weile mit den Kätzchen, dann beschloss sie, nach Hause zu reiten. Sie schwang sich in Shelties Sattel und trieb ihn an: „Los, Sheltie! Ab nach Hause!“

Sheltie trabte gehorsam an, aber er schlug eine andere Richtung ein. Er lief zu einem Waldweg, der hinter Millies Haus begann. Emma ließ ihm seinen Willen, und so ritten sie in den Wald hinein.

Emma ahnte, dass Sheltie ihr etwas zeigen wollte. Er streckte seinen Kopf in die Höhe und sog die Luft ein.

Nach kurzer Zeit kamen sie auf eine Lichtung. Von ein paar Ästen verdeckt, stand dort ein merkwürdiger bunt bemalter Wohnwagen. Er sah aus wie ein kleines Gartenhäuschen auf Rädern.

Direkt daneben waren zwei Esel an einen Baum gebunden. Der eine war grau und der andere fast weiß. Er sah aus wie ein Geist.

Sheltie schnupperte und stellte beide Ohren auf.

Emma rutschte aus dem Sattel und zog Sheltie hinter einen Busch.

Sie verhielten sich ganz still. Dann beobachteten sie, wie ein Mann aus dem Wohnwagen stieg.

Es war der gleiche Mann, den Emma in Millies Garten gesehen hatte und der auf ihrer Koppel gewesen war. Emma war ganz sicher.

Wenn sie nur wüsste, an wen er sie erinnerte!

Sie hielt den Atem an und sah zu, wie der Mann den weißen Esel losband und ihn in den Wald führte.

Kaum war er weg, verließ Emma ihr Versteck. Sheltie schnaubte, als sie auf Zehenspitzen zum Wohnwagen ging.

Zwischen zwei Stangen war hinter dem Wohnwagen eine Wäscheleine gespannt. Darauf hingen ein Hemd, eine Weste und ein Paar roter Socken. Emma starrte auf die Socken. Ihr Herz schlug wild.

Die Socken hatten die gleiche Farbe wie der Wollfetzen, den Sheltie am Gatter gefunden hatte.

Emma sah sich die Socken genauer an. Und tatsächlich: In einem war ein Riss. Ein Loch, nicht größer als eine Briefmarke.

Emma nahm den Wollfetzen aus ihrer Tasche und hielt ihn neben die Socke. Es war genau die gleiche Farbe! Der Mann, dem die Socken gehörten, war also auf der Koppel gewesen. Und bestimmt hatte er Langohr gestohlen!

Da miaute im Wohnwagen eine Katze. Emma lauschte, dann presste sie ihr Ohr gegen das bemalte Holz. Wieder schrie die Katze. Es kam eindeutig aus dem Wohnwagen.

Plötzlich knackte ein Ast im Wald. Emma schreckte hoch: Der Mann kam zurück. Sheltie schnaubte zur Warnung. Emma rannte zu ihm und sprang in den Sattel.

Sie trieb Sheltie an, und er raste durch den Wald und den Weg entlang zurück ins Dorf.

Kapitel Sieben

Emma ritt direkt nach Hause. Sie musste sofort ihren Eltern von ihrer Entdeckung berichten. Als sie durch die Küchentür stürmte, war sie ganz rot im Gesicht und außer Atem. Sie erzählte ihren Eltern alles über den Wohnwagen im Wald, über die Socken auf der Wäscheleine und die miauende Katze.

Als sie geendet hatte, griff der Vater zum Telefon, um Wachtmeister Gordon anzurufen.

Der Polizist machte sich sofort auf den

Weg zur Lichtung. Aber als er ankam, war der Wohnwagen verschwunden. Und keine Spur von Langohr.

Alle waren sehr enttäuscht.

„Es hilft nichts, jetzt müssen wir Millie alles erzählen“, meinte die Mutter.

Aber Wachtmeister Gordon wollte noch ein bisschen warten. Morgen sei Samstag, und in ein paar Nachbardörfern sei Markt. Vielleicht würden die Diebe versuchen, Langohr dort zu verkaufen. So lange sollten sie noch warten.

„Millie würde sich bestimmt nur unnötige Sorgen machen“, sagte er.

Das sahen alle ein.

„Die Märkte beginnen morgens sehr früh. Wir müssten also mittags schon wissen, ob der Dieb versucht hat, den kleinen Esel zu verkaufen."

Auch an diesem Abend konnte Emma nicht einschlafen. Sie dachte an den armen Langohr. Wo er jetzt wohl war? Bestimmt war er traurig und hatte Angst. Arme Millie! Wenn sie erfuhr, dass ihr Esel gestohlen worden war ...

Als Emma endlich einschlief, hatte sie einen bösen Traum. Sie träumte, Sheltie sei gestohlen worden, und sie suchte das ganze Dorf nach ihm ab. Aber sie konnte ihn nirgends finden.

Sobald Emma am nächsten Morgen aufwachte, sprang sie aus dem Bett und rannte zum Fenster. Erleichtert atmete sie auf: Sheltie stand wie immer draußen auf der Koppel und sah über den Holzzaun.

Beim Frühstück waren alle sehr still. Emma hatte überhaupt keinen Appetit und schubste die Cornflakes nur ein bisschen mit dem Löffel hin und her.

Alle dachten an die Märkte. Ob Langohr wohl auftauchen würde?

Kapitel Acht

Um Punkt zwölf kam Wachtmeister Gordon vorbei. Er brachte nichts Neues. Auf keinem der drei Märkte hatte man Langohr gesehen.

„Ich fürchte, wir können nicht mehr viel tun“, sagte der Polizist. „Vielleicht sollten Sie jetzt doch Miss Walker verständigen.“

Die Mutter versuchte sofort, Millie zu erreichen. Aber es ging niemand ans Telefon.

„Ich werde es später noch mal probieren“, sagte sie.

Emma ritt mit Sheltie wieder zu Millies Haus. Sie wollte Miss Marsch nach dem vermissten Kätzchen fragen. Emma dachte an das Miauen, das sie im Wohnwagen gehört hatte. Sie war fast sicher, dass es das gesuchte Kätzchen war.

Emma fragte Sheltie um Rat, als sie ihn sattelte. „Weißt du, wo Langohr ist, Sheltie?"

Sheltie neigte den Kopf zur Seite und lauschte.

Emma schnallte den Ledergurt unter seinem dicken Bauch fest und sagte: „Wenn überhaupt jemand Langohr finden kann, dann bist du es."

Als sie endlich im Sattel saß, brannte Sheltie darauf loszustürmen.

Sie verließen die Koppel, und Emma schlug den Weg zur Straße ein.

Aber Sheltie mochte diesen Weg nicht und zog in die andere Richtung. Emma ließ die Zügel durchhängen und Sheltie übernahm wieder die Führung.

„Du weißt also, wo Langohr ist?", fragte Emma.

Sheltie blies durch die Nüstern und beschleunigte den Schritt.

Sie überquerten Bauer Biggs' Wiese und ritten am Hufeisenteich vorbei auf die Felder. Dahinter fing der Wald an. Er erstreckte sich in einem weiten Bogen bis zu Millies Haus.

Sheltie und Emma folgten dem Pfad in den Wald. Sie kannten den Weg gut, er führte den Haselberg hinauf. Von da oben hatte man eine wunderbare Aussicht auf die Landschaft und das kleine Dorf. Emma blickte sich um. Weit unten lag Mister Biggs' Bauernhof, umrahmt von Feldern.

Auf der anderen Seite des Haselberges standen die Bäume enger zusammen. Dort verließ Sheltie den Pfad. Er wollte tiefer in den Wald hinein, dorthin, wo er am dichtesten war.

Sie waren noch nicht weit gekommen, als Sheltie anhielt. Ein Stück vor ihnen, unter den Bäumen, stand der kleine Wohnwagen. Zwei Esel, der graue und der weiße, waren in die Wagendeichsel eingespannt. Sonst war niemand zu sehen.

Emma glitt aus dem Sattel, Sheltie schnaubte aufgeregt. „Pscht." Emma legte einen Finger auf die Lippen.

Dann versteckten sie sich hinter einem großen Busch und warteten.

Plötzlich hörte Emma jemanden pfeifen. Der Mann kletterte aus dem Wohnwagen. Jetzt kam er direkt auf Emma zu.

Emma hielt den Atem an, Sheltie blieb stocksteif stehen.

Kapitel Neun

Der Mann ging nur etwa zehn Meter an Emma und Sheltie vorbei. Er pfiff eine Melodie und folgte einem Fußpfad den Hügel hinunter. In der Hand trug er einen leeren Plastikkanister. Wahrscheinlich wollte er unten am Bach Wasser holen.

Emma und Sheltie blickten ihm nach, bis der Mann zwischen den Bäumen verschwunden war. Dann kam Emma hinter dem Busch hervor und näherte sich dem Wohnwagen. Sheltie schnaubte und folgte ihr.

Als der geisterhafte weiße Esel Emma und Sheltie sah, warf er mit einem lauten „Iah“ den Kopf zurück, genau wie Langohr es immer machte.

Sheltie beschnupperte den weißen Esel und stupste ihn an, als ob er einen lang vermissten Freund begrüßte. Dann knabberte er an den langen Ohren des Esels.

Mit Staunen sah Emma, dass sich die weißen Eselsohren dadurch in schwarze verwandelten. Plötzlich war ihr alles klar: Es war Langohr. Er war nur von Kopf bis Fuß mit Mehl bestäubt!

Emma überlegte, was sie als Nächstes tun sollte, als sie ein Miauen hörte. Das Kätzchen!

Das Miauen kam aus dem bunten Wohnwagen. Emma griff nach der Wohnwagentür und drückte die Klinke. Die Tür schwang auf, und Emma ging hinein.

Drinnen war es sehr eng und sehr unordentlich. Überall lagen Kleidung, Berge von alten Zeitungen und voll gestopfte Pappkartons herum.

Emma sah ein zusammengeknülltes braunes Jackett am Fußende der niedrigen Schlafkoje. Es hatte die gleiche Farbe und das gleiche Muster wie die Mütze, die sie am Tag nach Langohrs Verschwinden gefunden hatten.

Auf der Jacke hatte es sich eine Katze bequem gemacht. Aber es war nicht das vermisste Kätzchen. Als Emma eintrat, öffnete die alte graue Tigerkatze müde ein grünes Auge und miaute.

Plötzlich schnaubte Sheltie aufgeregt und scharrte mit dem Huf. Er schüttelte seine Mähne und wieherte.

Emma spähte durch das Fenster im Wohnwagen: Der Mann kam zurück!

Es war zu spät, um wegzulaufen. Der

Mann würde sie sehen. Sheltie hatte sich wieder hinter die Büsche zurückgezogen und knabberte an dem Laub. Wie gut, dass er so klug ist, dachte Emma. Dann zog sie rasch die Wohnwagentür zu und blickte sich nach einem Versteck um.

Das Bett! Schnell schlüpfte sie darunter.

Wenig später kam auch schon der alte Mann. Er setzte sich auf das Bett, und nur ein paar Zentimeter über Emmas Kopf
quietschten die Bettfedern.

Füße und Beine des Mannes waren direkt vor Emmas Augen. Er trug die roten Socken, die mit dem Loch! Emma konnte das Loch ganz genau sehen. Es war nur ein Stückchen über dem Schuh. Ihr Herz schlug schneller.

Kapitel Zehn

Ein paar Minuten vergingen. Emma kamen sie vor wie Stunden. Der Mann sprach mit der Katze, die laut schnurrte.

„Was für ein Pech, dass wir Millie verpasst haben, was, Tiger? Na, macht nichts. Vielleicht treffen wir sie das nächste Mal. Hoffentlich macht sie sich keine Sorgen um Langohr. Es war falsch, ihn heimlich mitzunehmen. Aber diese netten Leute hätten ihn mir nie einfach so gegeben.“

Dann stand der Mann auf und ging

hinaus. Er schloss die Tür hinter sich zu und kletterte auf den Kutschbock.

Emma hörte Zügel schnalzen, der Mann rief „Hü!“, und langsam rollte der Wohnwagen vorwärts.

Emma kroch unter dem Bett hervor und lief zum Fenster. Sheltie guckte hinter dem Dickicht hervor. Mit jeder Sekunde sah Emma den Abstand zu Sheltie größer werden. Der Wohnwagen holperte ins Tal. Wahrscheinlich wollte der Mann den Weg durch die Heide zur Hauptstraße nehmen.

Sheltie schnaubte und schlug mit dem Schweif. Emma wusste nicht, was sie tun sollte. Sie machte Sheltie Zeichen: Hol Hilfe, Sheltie! Lauf und hol Hilfe!

Und Sheltie drehte sich um und galoppierte davon, gerade so, als ob er sie verstanden hätte.

Sheltie lief zurück auf den Reitpfad und galoppierte auf seinen kurzen Beinen nach Hause, so schnell er konnte.

Er überquerte Bauer Biggs' Wiese und stürmte die Straße zum Haus hinauf.

Emmas Eltern saßen mit Joschua in der Küche. Noch immer hatten sie Millie nicht erreicht. Nun besprachen sie, was zu tun war.

Sheltie sah die offene Küchentür und zögerte nicht lange. Seine Hufe klapperten auf den Küchenfliesen.

Die Mutter sprang erschrocken auf. Joschua juchzte begeistert, als der Vater nach Shelties Zügel griff.

„Brrr, Sheltie“, sagte der Vater. „Wo hast du Emma gelassen?“

Die Mutter führte Sheltie zu seiner Koppel. Bestimmt war Emma dort. Der freche Sheltie lief ihr hin und wieder davon. Der Vater folgte ihnen mit Joschua. Aber sie fanden keine Emma.

Der Vater rief nach ihr.

„Emma! Emma!“

Keine Antwort.

„Es muss ihr was passiert sein“, sagte

die Mutter. „Emma wollte Miss Marsch besuchen. Ich rufe sie gleich an.“ Und sie eilte ins Haus.

Doch Miss Marsch hatte Emma den ganzen Tag nicht gesehen. Sie versprach zu Fuß zum Haselberg zu gehen und sie zu suchen. Von dort oben konnte man sehr weit sehen.

Vor dem Haus stampfte Sheltie ungeduldig auf den Boden und schüttelte seine Mähne. Er rannte ein Stück zur Koppel und blickte dann zu Emmas Eltern zurück.

„Er will, dass wir ihm folgen“, sagte die Mutter.

Sheltie trabte auf die Koppel und verschwand hinter seinem Stall. Als die

Eltern dort ankamen, stand Sheltie zwischen den Stangen von Langohrs kleinem Karren. Er schnaubte wie verrückt.

„Sieht aus, als wollte er eingespannt werden. Vielleicht will er dich irgendwo hinführen“, sagte die Mutter. „Sheltie will uns helfen!“

Kapitel Elf

Der Vater streifte Sheltie schnell das Geschirr über und befestigte danach die Deichseln des kleinen bunten Fischkarrens.

„Vielleicht weiß er, wo Emma ist“, sagte die Mutter. „Ich bleibe hier bei Joschua und verständige die Polizei.“

„Aber woher willst du wissen, wohin wir fahren?“, sagte der Vater.

„Es gibt nicht viele Möglichkeiten. Ich werde sehen, wo ihr abbiegt“, sagte die Mutter.

Der Vater kletterte in den Fischkarren,

und Sheltie lief los. Die Mutter ließ sie nicht aus den Augen. Sheltie zog den Karren von der Koppel, die Straße hinunter und über Mister Biggs' Wiese. Er überquerte die Felder und steuerte auf den Wald zu.

Sheltie war zwar klein, aber sehr stark. Er zog den Fischkarren den ganzen Berg hinauf bis zur Hügelkuppe. Kein einziges Mal hielt er an. Dann ging es weiter durch den Wald.

Dort traf der Vater Miss Marsch. Auch sie suchte Emma. Überrascht sah sie auf Sheltie und Emmas Vater im Fischkarren.

„Irgendein Zeichen von Emma?", fragte der Vater.

„Nein, leider nicht", sagte Miss

Marsch. „Ich habe nur einen bunt bemalten Wohnwagen gesehen. Er fuhr über die Lichtung dort.“ Sie zeigte auf eine leicht abfallende Wiese, nur ein kurzes Stück entfernt.

„Zwei Esel waren vor den Wohnwagen gespannt“, sagte sie. „Das war erst vor ein paar Minuten. Er fuhr sicher Richtung Hauptstraße.“

Sofort rollte der kleine Fischkarren wieder los und holperte den Abhang hinunter zur Hauptstraße. In rasendem Tempo galoppierte Sheltie auf seinen kurzen Beinen den Haselberg hinab.

Nicht lange und sie konnten den Wohnwagen sehen. Er war nur noch wenige Meter von der Hauptstraße

entfernt. Als sie näher kamen, erkannte der Vater plötzlich Emma am Fenster des Wohnwagens. Das überraschte ihn so sehr, dass er aufstand – und kopfüber aus dem Karren purzelte. Zum Glück verletzte er sich nicht.

Sheltie sah kurz zurück, aber er blieb

nicht stehen. Ohne Emmas Vater war der Wagen viel leichter, und Sheltie konnte viel schneller laufen.

Der alte Mann wunderte sich sehr, als plötzlich ein Shetlandpony neben ihm auftauchte. Noch mehr wunderte er sich, als Sheltie ihn überholte und sich in ein paar Meter Entfernung plötzlich quer vor den fahrenden Wagen stellte.

Die Esel stoppten sofort, und der Wagen blieb ruckartig stehen.

Der alte Mann schnalzte mit den Zügeln und rief: „Hü, Langohr! Hü, Sophie!"

Aber die Esel bewegten sich nicht.

Stattdessen warf Langohr den Kopf zurück und wieherte laut: „Iah!"

Kapitel Zwölf

Dann passierte alles gleichzeitig. Ein Polizeiauto raste die Straße herunter. Mit quietschenden Reifen hielt es neben dem Wohnwagen. Wachtmeister Gordon sprang heraus.

Doch der Vater erreichte den Wohnwagen vor ihm. Er riss die Tür auf, und Emma stürzte in die Arme ihres Vaters. Er hielt sie ganz fest.

„Wo kommt die denn plötzlich her?" Der alte Mann wollte seinen Augen kaum trauen.

„Ich denke, Sie haben uns einiges zu erklären", sagte Wachtmeister Gordon.

„Oje, oje", sagte der Mann. „Ich wollte doch nichts Böses tun. Ich hatte keine Ahnung, dass das kleine Mädchen da drin war." Der alte Mann war sehr durcheinander.

„Das stimmt", sagte Emma. „Er wusste es wirklich nicht." Sie fand, der Mann sah traurig aus. Und eigentlich hatte er ein nettes Gesicht.

Plötzlich wusste Emma, an wen er sie erinnerte. Er sah aus wie Millie Walker.

Sheltie schleckte Langohr zur Begrüßung ab. Und nach und nach kam wieder der schwarze Esel zum Vorschein.

„Es war sehr schlau von Ihnen, den

Esel mit Mehl zu bestäuben“, sagte Wachtmeister Gordon. „Aber Sheltie konnten Sie nicht in die Irre führen.“

Das kleine Pony sah auf, als es seinen Namen hörte.

„Ich werde Sie wegen Diebstahls einsperren müssen“, sagte der Polizist. „Haben Sie irgendetwas zu Ihrer Verteidigung zu sagen?“

Der alte Mann senkte beschämt den Kopf.

„Es tut mir sehr leid“, sagte er. „Aber ich habe ihn nicht wirklich gestohlen. Ich habe ihn mir nur wiedergeholt.“

„Wiedergeholt? Was meinen Sie damit?“, fragte Emmas Vater.

„Ich bin Tom Walker, Millies Bruder.“

Deshalb sieht er Millie so ähnlich, dachte Emma.

Tom erzählte, dass er vor vielen Jahren Fisch an die Leute im Dorf verkauft hatte.

„Langohr und Sophie sind Geschwister“, sagte er. „Langohr hat meinen Fischkarren gezogen. Als ich von hier fortging, ließ ich Langohr bei Millie. Er hatte zu viel Unsinn im Kopf. Deshalb war er für den Wohnwagen nicht zu gebrauchen. Und ich konnte nicht für zwei Esel sorgen. Millie sagte damals, ich könne Langohr jederzeit zurückhaben. Sie wusste, dass ich eines Tages wieder komme.“

„Aber das ist doch schon lange her“, sagte Wachtmeister Gordon. „Warum haben Sie Ihre Schwester nicht angerufen? Warum haben Sie den Esel einfach mitgenommen?“

Tom sagte, Millie wolle ihn immer

herumkommandieren. „Ich soll sesshaft werden und in einem richtigen Haus leben“, sagte er. „Ich wollte ja fragen. Aber als ich merkte, dass Millie nicht da war ... Ich hielt es für besser, Langohr einfach zu nehmen und es später zu erklären.“ Er sah erst Emma an und dann ihren Vater.

„Ich weiß, es war falsch, Langohr von Ihrer Koppel zu holen“, sagte Tom. „Aber ich wollte ja nur, dass Sophie ein bisschen Gesellschaft hat. Und ein bisschen Hilfe beim Wohnwagenziehen.“ Er sah wieder sehr traurig aus.

„Nun ja, kann sein, dass Sie die Wahrheit sagen. Aber wir müssen Sie leider mitnehmen, bis Ihre Schwester zurückkommt und wir die Sache geklärt haben“, sagte der Polizist.

„Eins verstehe ich immer noch nicht“, sagte Emma. „Wenn Sie Langohr nicht gestohlen haben, warum haben Sie ihn dann voller Mehl gemacht?“

Tom senkte den Kopf.

„Jeder kennt Langohr. Alle hätten sich gefragt, was ich mit ihm mache. Und ich dachte, wenn ich ihn umfärbe, kann ich in Ruhe weiterfahren, ohne viel Aufhebens zu machen. Es tut mir leid, dass ich so viel Wirbel ausgelöst habe. Wirklich.“

Dann nahm Wachtmeister Gordon Tom im Polizeiauto mit.

Kapitel Dreizehn

Der Vater kümmerte sich um den Wohnwagen, Langohr, Sophie und die Katze Tiger. Er kletterte auf den Fahrersitz und nahm die Leinen auf. Langsam drehte er mit Langohr und Sophie um. Dann lenkte er den kleinen Wohnwagen wieder den Hügel hinauf.

Emma folgte ihrem Vater mit Sheltie im Fischkarren. Sheltie mochte den kleinen Wagen, und Emma fand es toll, ihn mit der Leine zu lenken.

Oben auf dem Hügel trafen sie Miss Marsch. Sie blickte etwas verwirrt, als sie

Emmas Vater auf dem Kutschbock des Wohnwagens sah, gefolgt von Emma und Sheltie mit dem Fischkarren. Doch sie winkte freundlich und lächelte, als sie vorbeifuhren.

Als sie Mister Biggs' Wiese überquerten und die Straße hochfuhren, war der kleine Joschua so beeindruckt, dass er keinen Ton herausbrachte. Mit großen Augen stand er neben der Mutter am Gartentor und erwartete sie.

Auf der Koppel spannte der Vater Langohr und Sophie aus. Emma befreite Sheltie von Geschirr und Fischkarren, dann holte sie aus der Küche einen Eimer warmes Wasser.

Sie bearbeitete Langohr mit

Shampoon und einer weichen Bürste, und bald war der kleine Esel wieder kohlrabenschwarz. Wenig später tobten Sheltie, Langohr und Sophie über die Koppel.

„Was wird aus Mister Walker?“, fragte Emma. „Muss er ins Gefängnis? Und wer kümmert sich dann um Sophie?“

„Er kommt sicher nicht ins Gefängnis. Schließlich ist er Millies Bruder. Er scheint ein netter alter Mann zu sein. Und wenn er die Wahrheit gesagt hat, dann hat er den Esel ja auch nicht wirklich gestohlen. Aber trotzdem war es dumm. Wir müssen warten, bis Millie zurückkommt. Und in der Zwischenzeit bleiben Langohr und Sophie auf der Koppel. Das heißt, wenn es Sheltie nichts ausmacht!“

Sheltie schüttelte seine Mähne und wieherte. Es machte ihm überhaupt nichts aus.

Ein paar Tage später kam Millie zurück.

Emmas Vater holte sie vom Bahnhof ab und erzählte ihr all die Neuigkeiten.

„Wer hätte gedacht, dass der alte Tom plötzlich wieder auftaucht!“, sagte Millie. „Ich denke oft an ihn und frage mich, wie er es in diesem komischen Wohnwagen aushält. Er wollte nie in einem richtigen Haus leben wie alle anderen. Und er trägt all seine Ausweise und wichtigen Papiere in diesem lächerlichen alten Rucksack mit sich herum.“

Millie war erschüttert, dass ihr Bruder immer noch auf der Polizeiwache festgehalten wurde. Sie bat Emmas Vater, sie sofort hinzufahren. Sie wollte das ganze Durcheinander so schnell wie möglich klären.

Kapitel Vierzehn

Am Nachmittag rief Millie an und fragte, ob Emma und Sheltie Lust hätten, sie zu besuchen. Sie sagte, sie hätte gute Neuigkeiten.

Als die beiden kamen, saß Millie mit ihren neun Katzen im Garten. Sie freute sich, Emma zu sehen.

„Du bist ein sehr kluges Mädchen, Emma“, sagte sie. „Und Sheltie ist wirklich ein liebes Pony.“

Millie hatte von Emmas und Shelties Abenteuer erfahren und wusste, wie sie Langohr gefunden hatten.

„In Wirklichkeit war es Sheltie“, sagte Emma. „Er hat alle Spuren gefunden: die Mütze und das Stück von der Socke. Und er hat mich zum Wohnwagen und zu Langohr geführt.“

„Beinahe hätte ich es vergessen“, sagte Millie, „ich habe ein ganz besonderes Geschenk für Sheltie.“ Sie holte einen wunderschönen Ledersattel aus dem Haus. Er glänzte wie eine Kastanie.

„Das war früher Langohrs Sattel. Tom hat ihn mir gegeben, als er vor über zehn Jahren Langohr und den Fischkarren bei mir ließ. Er müsste Sheltie genau passen. Es war Toms Idee.“

„Vielen Dank. Er ist wunderschön“,

sagte Emma. „Ich werde gut darauf aufpassen und ihn nur an besonderen Tagen benutzen. Das wird Shelties Sonntagssattel."

Sheltie beschnupperte das Leder und schnaubte zustimmend. Der Sonntagssattel schien ihm zu gefallen. Emma und Millie lachten. Sheltie war manchmal zu komisch.

„Was ist mit Ihrem Bruder?“, fragte Emma. „Und mit Sophie?“

Millie seufzte tief.

„Ich fürchte, Tom ist zu alt für ein Leben auf der Straße. Mit der Polizei habe ich alles geklärt. Ich habe Tom gesagt, dass Langohr und Sophie auch zu alt sind, um noch einen Wohnwagen zu ziehen. Er muss irgendwo bleiben.“

„Kommt er in unser Dorf?“, fragte Emma.

Sheltie spitzte die Ohren.

„Ich hoffe es“, sagte Millie. „Oder in eines der Nachbardörfer.“

„Und will er Langohr mitnehmen?“

„Das ist die gute Nachricht, Emma. Tom sagte, ich kann Langohr für immer haben. Und Sophie auch. Tom will sie oft besuchen, aber ich hoffe, dass er auch bei mir wohnen wird. Und ich hoffe, Emma, du kommst mich mit Sheltie genauso oft besuchen.“

Sheltie drückte seine Schnauze in Millies Hand und blies in ihren Ärmel.

„Das wäre toll“, lachte Emma.

„Das vermisste Kätzchen haben wir übrigens wieder gefunden“, sagte Millie. „Es hatte sich im Geräteschuppen eingesperrt.“

So hatte sich zum Schluss alles zum Guten gewendet. Emma freute sich sehr für Millie und ihren Bruder.

Sie und Sheltie verabschiedeten sich von Langohr und Sophie. Sie waren auf der kleinen Wiese hinter Millies Haus.

Sheltie trabte hinüber und schmuste mit den beiden Eseln.

„Du hast Glück, so ein kluges Pony zu haben, Emma“, sagte Millie.

„Ich weiß“, sagte Emma. „Sheltie ist das beste Pony auf der ganzen Welt.“

Peter Clover

Wie Sheltie zum Retter wurde

Kapitel Eins

„Guck doch nicht so bockig, Emma. Das werden sicher herrliche Ferien!“, sagte die Mutter. Die ganze Familie saß um den Küchentisch herum und plante den nächsten Urlaub.

Die Mutter blätterte in Prospekten und sah sich die Bilder von hübschen Ferienhäusern am Meer an. Der Vater hatte eine große Straßenkarte über dem Tisch ausgebreitet und studierte sie gründlich. Der kleine Joschua half seiner Mutter, in den Prospekten die Seiten umzublättern. Nur Emma saß einfach da, hatte die Hände im Schoß gefaltet und blickte missmutig vor sich hin.

„Zwei ganze Wochen“, grummelte sie. „Das können gar keine herrlichen Ferien werden, wenn Sheltie nicht mitkommt. Und wer kümmert sich um ihn, so lange wir weg sind?“

Der Vater schaute stirnrunzelnd von der Karte hoch. „Das haben wir doch gestern schon besprochen, Emma. Miss Linny wird jeden Tag vorbeikommen und Sheltie füttern. Sie weiß genau, was zu tun ist und was Sheltie braucht. Da müssen wir uns garantiert keine Sorgen machen.“

„Aber das ist doch nicht das Gleiche“, widersprach Emma. „Sheltie ist nun mal mein Pony, und ich will mich auch um ihn kümmern. Er wird denken, dass ich ihn verlassen habe. Er wird ganz furchtbar unglücklich sein. Und ich auch!“

„Vierzehn Tage sind nun wirklich keine lange Zeit“, erklärte die Mutter. Sie sah inzwischen etwas ärgerlich aus. „Zwei Wochen am Meer, Emma. Denk doch mal, wie schön das wird!“

„Ich will nicht daran denken“, sagte Emma trotzig. „Und ich will auch nicht mitkommen. Wenn Sheltie nicht auch mitkommen kann, will ich lieber zu Hause bleiben.“

Der Vater zog eine Augenbraue hoch, sagte aber nichts. Er schien angestrengt nachzudenken. Die Mutter beachtete

Emma nicht weiter und blätterte wieder in ihrem Prospekt.

„Guck mal hier! Ein kleines Häuschen ganz oben auf den Klippen. Von dort hat man sicherlich eine herrliche Aussicht auf das Meer.“

Emma warf einen kurzen Blick auf das Bild mit dem kleinen weißen Häuschen. Aber sie musste die ganze Zeit an den armen Sheltie denken. Vierzehn Tage! Und niemand wäre da, der mit ihm spielt! Er würde schrecklich einsam sein.

Am nächsten Morgen ging Emma zu Sheltie auf die Koppel, um ihm sein Frühstück zu bringen. Sie schippte eine Portion Futtermischung in Shelties

Krippe und gab ihm noch eine Handvoll extra.

Sofort steckte Sheltie seinen Kopf in den Trog und verschlang das Futter wie ein Mähdrescher. Emma musste jedes Mal laut lachen, wenn er das tat. Sein Kopf verschwand dabei fast vollständig in der Futterkrippe.

Als Sheltie fertig war, holte Emma den Schlauch und füllte den Wassertrog. Sheltie liebte Wasser und versuchte immer, direkt aus dem Schlauch zu trinken. Emma zielte mit dem Schlauch und bespritzte ihn. Sheltie schnaubte und galoppierte vergnügt über die Koppel.

Plötzlich entdeckte Emma ihre Eltern. Sie standen am Gatter und schauten zu

Sheltie und ihr herüber. Beide lächelten geheimnisvoll. Auch Joschua war da. Er saß rittlings auf dem obersten Balken des hölzernen Gatters und rutschte ungeduldig hin und her. Seine Mutter hatte alle Mühe, ihn festzuhalten. Emma legte den Schlauch weg und lief zum Gatter. Jetzt war sie bereit für ihr eigenes Frühstück.

Als alle um den runden Küchentisch versammelt waren, kam die große Überraschung: „Erinnerst du dich an das Ferienhäuschen, das wir uns gestern angeschaut haben?“, fragte die Mutter. „Das kleine weiße auf den Klippen, von dem man einen so wunderschönen Blick übers Meer hat?“

Emma nickte und starrte in ihre Müslischale. Sie wollte nicht daran denken, dass sie in den Ferien wegfahren und Sheltie allein lassen sollte.

„Weißt du was, Emma?“, sagte der Vater. „Direkt neben dem Haus befindet sich eine Koppel, genauso eine, wie Sheltie sie hat."

„Aber Sheltie wird nicht auf der Koppel stehen", schmollte Emma. „Er muss ganz allein hier bleiben!"

Der Vater warf der Mutter einen Blick zu und lächelte dann Emma an.

„Oh nein. Das wird er nicht!", sagte er. „Ich habe heute Morgen mit Miss Linny telefoniert. Eine Freundin von ihr hat einen Pferdetransporter. Den wird sie uns leihen, und dann können wir Sheltie mit ans Meer nehmen."

Emma konnte es nicht fassen. Sie lachte und klatschte begeistert in die Hände. „Ist das wahr, Papa? Juchhu! Das werden Superferien für uns alle!"

Kapitel Zwei

Zwei Tage vor Ferienbeginn holte Emmas Vater den Pferdetransporter ab. Er sah aus wie ein kleiner Wohnwagen auf Rädern. Auf der Rückseite hatte er eine große Tür und nach vorne ein kleines Fenster. So konnte Sheltie beobachten, wohin sie fuhren. Der Hänger hatte genau die passende Größe für das kleine Shetlandpony.

„Das sieht wie ein richtiges kleines Haus aus", rief Emma, als sie hineinschaute.

Schnell lief sie zur Koppel und erzählte Sheltie von den Ferien am Meer. Sheltie warf den Kopf hoch und galoppierte wild um die Koppel. Emma war sicher, dass er es genauso aufregend fand wie sie.

Am nächsten Tag half Emma ihren Eltern beim Kofferpacken. Dabei mussten sie an alles denken, was sie in den zwei Wochen am Meer brauchen würden.

Gegen Abend luden sie die Säcke mit Shelties Futter und einige Heuballen in den Hänger. Emma befestigte Shelties Zaumzeug und den Sattel an einem speziellen Haken an der Tür. Sie verteilte auch noch etwas Stroh auf dem Boden. Nun war alles bereit für den Start.

Am Freitagmorgen, gleich nach dem Frühstück, schnallte der Vater die Koffer auf dem Autodach fest. Emma legte

Sheltie sein Halfter um und führte ihn die Rampe hoch in den Hänger.

Sheltie schnaubte leise und schaute aus dem kleinen Fenster. Seine Augen blitzten vor Abenteuerlust unter seiner zotteligen Mähne.

Sheltie war noch nie zuvor in die Ferien gefahren. Emma konnte es kaum erwarten, mit ihm den Sandstrand entlangzugaloppieren und im Meer zu planschen.

Auch der kleine Joschua war ganz aufgeregt und hielt sein Eimerchen und seine Schaufel fest umklammert.

Es war zehn Uhr, als endlich alles fertig gepackt war und sie zum Meer aufbrachen. Shelties Hänger rumpelte sanft hinter dem Auto her. Emma saß gemeinsam mit ihrer Mutter und Joschua auf der Rückbank.

Während der Fahrt blickte Emma immer wieder nach hinten, um sich zu vergewissern, dass der Hänger noch da war. Manchmal konnte Emma Shelties Nüstern sehen. Das Fenster stand etwas offen, und Sheltie steckte hin und wieder seine Nase hindurch, um frische Luft zu schnappen. Emma war sicher, dass er den Ausflug genoss.

Die Fahrt dauerte fast zwei Stunden, und erst gegen Mittag erreichten sie schließlich ihr Ferienhäuschen.

Das Haus auf der Klippe war viel kleiner als ihr Zuhause. Es war weiß getüncht, mit einer leuchtend roten Tür. Auf jeder Seite der Tür befanden sich zwei kleine Fenster. Im Obergeschoss gab es zwei Schlafzimmer und ein Bad. Und auf der Rückseite des Häuschens entdeckte Emma die kleine Koppel.

Das Haus stand auf der höchsten Stelle der Klippe. Rundherum erstreckten sich weite Felder und Wiesen. Das Heidekraut wuchs bis an den Rand der Klippe heran. Von dort aus schlängelte sich ein Fußweg zum Sandstrand hinunter. Es war ein wunderschöner Ort. Der perfekte Platz für ein Ferienhaus.

Kapitel Drei

Bevor der Vater die Koffer vom Autodach lud, half er Emma dabei, Sheltie auf die Koppel zu bringen. Shelties Nüstern bebten, als er die salzige Luft einatmete. Er hatte noch nie zuvor die Seeluft gerochen. Sie machte ihn richtig übermütig. Munter tollte er über seine neue Koppel, schüttelte seine lange Mähne und schlug mit seinen Hufen in alle Himmelsrichtungen aus. Emma war sehr zufrieden, denn Sheltie schien glücklich zu sein.

Der Vater nahm die Koffer und

brachte sie ins Haus. Dann half Emma ihrer Mutter beim Auspacken.

In der Zwischenzeit schmierte der Vater ein paar Butterbrote und kochte Tee. Und schließlich setzte sich die ganze Familie um den kleinen Gartentisch vor dem Haus. Emma nippte an einer Limonade und sah über die Klippen hinweg auf das funkelnde Meer.

Nach dem Mittagessen gingen sie alle gemeinsam spazieren. Sie wollten den kleinen Fußweg erkunden, der zum Strand hinunterführte.

Sheltie blieb beim Ferienhaus zurück. Er war viel zu sehr damit beschäftigt, mit drei herrenlosen Enten Freundschaft zu schließen. Sheltie hatte die Enten in einer

Ecke seiner Koppel eingekesselt. Nun legte er den Kopf schief und lauschte ihrem erbosten Quaken.

Der Vater nahm Joschua Huckepack und folgte Emma und der Mutter langsam den Weg zum Strand hinunter.

Am Ende des Fußwegs waren 28 Holzstufen, die direkt in den Sand führten. Emma zählte genau mit. Sobald sie unten angekommen waren, rannte Emma zum Wasser. Schnell zog sie ihre Schuhe und Socken aus und planschte in den schaumigen Wellen.

Nicht weit davon entfernt saßen einige Leute im Sand: ein Ehepaar mit einer Tochter in Emmas Alter. Das Mädchen hatte dunkle, lockige Haare. Als es

Emma sah, wandte es sich ab und ging zum Wasser.

Emma verzog ihr Gesicht zu einer Grimasse. Das Mädchen war Alice Parker. Sie ging in die gleiche Schule wie Emma. Emma mochte Alice Parker nicht besonders. Sie war eine Angeberin und zog Emma immer mit Sheltie auf. Alice Parker hatte auch ein Pony. Aber kein

kleines Shetlandpony wie Emmas Sheltie, sondern ein großes braunes, das wie eine Kastanie glänzte.

Alice Parker sagte immer, dass Sheltie stummelige Beine habe und sowieso kein richtiges Pony sei. Außerdem behauptete sie, dass Emma bescheuert aussah, wenn sie Sheltie ritt.

Die beiden Mädchen trafen am Wasser aufeinander.

„Hallo, Alice."

Emma versuchte, freundlich zu sein. Alice streckte ihre Nase in die Luft.

„Seid ihr auch in den Ferien hier?", fragte Emma. Alice antwortete nicht. Sie drehte sich einfach um und ging weg.

Emma trottete den Strand zurück zu

ihrer Familie. „Ratet mal, wen ich gerade getroffen habe“, sagte Emma und zeigte mit dem Finger den Strand entlang.

„Ist es jemand, den wir kennen?“, fragte der Vater.

„Alice Parker aus meiner Schule“, antwortete Emma. „Ich kann sie nicht leiden!“

Die Mutter schaute zu Alice hinüber, die gerade Muscheln vom Boden aufsammelte.

„Sie sieht aber nett aus, Emma. Warum gibst du ihr keine Chance? Es ist doch schön, wenn du hier jemanden zum Spielen hast.“

„Aber nicht Alice Parker!“, sagte Emma. „Außerdem habe ich es schon versucht.“ Sie zog wieder eine Grimasse. „Ich spiele lieber mit Joschua und Sheltie. Alice Parker macht sich immer über Sheltie lustig. Sie ist unmöglich.“

„Vielleicht änderst du deine Meinung in den nächsten Tagen, Emma“, sagte der Vater.

„Nein, das werde ich nicht“, antwortete Emma. Sie mochte Alice Parker in der Schule nicht, und sie würde sie auch in den Ferien nicht mögen. Daran würde sich nichts ändern. Basta.

Kapitel Vier

Am nächsten Tag kam Sheltie mit zum Strand. Er war ein kleines kräftiges Pony mit einem sicheren, gleichmäßigen Gang. Den Serpentinenpfad zum Meer hätte er ohne Probleme hinunterlaufen können. Aber er konnte keine 28 Holzstufen gehen. Deshalb mussten alle den langen Weg außen herum zum Strand nehmen.

Diesmal ging der Vater voraus, mit Joschua auf den Schultern. Die Mutter folgte. Sie trug einen Picknickkorb und Badetücher, als Unterlage zum Sitzen.

Emma führte Sheltie am Zügel. Das Pony genoss die Seebrise, die durch seine lange zottelige Mähne blies. Über ihnen hallten die Schreie von Möwen am blauen Himmel wider. Es war ein wunderschöner Sommertag.

Sobald sie den Sandstrand erreicht hatten, stieg Emma in Shelties Sattel.

„Antraben, Sheltie!“ Emma drückte ihm die Fersen in die Flanken, und Sheltie trabte brav die Bucht entlang. Dabei hinterließ er in dem weichen Sand eine Spur kleiner Hufabdrücke .

Am Wasser blieb Sheltie stehen. Er hatte noch nie zuvor das Meer gesehen und starrte über die leuchtende Fläche. Als die rollenden Wellen seine Hufe berührten, schnaubte Sheltie und warf den Kopf zurück.

In der Zwischenzeit hatte die Mutter die Badetücher auf dem Sand ausgebreitet. Joschua ließ sich mit seinem Eimerchen und der Schaufel auf den Boden plumpsen. Der Vater beobachtete Emma und Sheltie, die durch die Brandung trabten.

„Reite nicht zu weit, Emma! Bleib in Sichtweite!“, rief er.

Emma lächelte ihm über die Schulter zu. „Werden wir“, antwortete sie. Sie ritt Sheltie bis zum Ende des Strands. Hier war die Bucht zu Ende. Zwischen den Felsen befanden sich kleine Wassertümpel. Emma stieg ab, um sie sich genauer anzusehen. Sheltie blickte in eines der Wasserlöcher und betrachtete sein Spiegelbild. Nach einer Weile wurde ihm das zu langweilig, und er steckte seine Nase ins Wasser. Als er den Kopf wieder hob, zog er eine lange, schleimige Alge heraus und schüttelte sie kräftig. Emma wurde über und über mit salzigen Wassertropfen bespritzt.

Schnell griff Emma nach der Alge. Doch Sheltie hielt sein Ende kräftig fest. Mit einem Mal riss die Alge entzwei, und Emma plumpste rückwärts in den Sand.

Sheltie tänzelte herum, die Alge hing ihm immer noch aus dem Maul. Er sah witzig aus – wie ein Pony mit einem langen grünen Bart.

Emma stand lachend wieder auf und klopfte den Sand von ihrer Jeans. In dem Moment bemerkte sie ein anderes Pony mit einem Reiter den Strand entlangkommen. Es war Alice Parker.

„Oh nein!“, murmelte Emma.

Alice Parker ritt ein wunderschönes,

weißes Pony. Kein kleines Shetlandpony wie Sheltie, sondern ein viel größeres.

Sobald sie Emma entdeckte, trabte Alice auf sie zu. Sie brachte das Pony zum Stehen und grinste hochmütig.

„Hallo!“, sagte Alice. „Wie ich sehe, hast du Stummel mitgebracht.“

„Er heißt Sheltie!“, rief Emma wütend.

„Das hier ist Silberschatz“, sagte Alice. „Wir wohnen in der Klippen-Farm. Das ist ein Reiterhof, und es gibt dort sehr viele Ponys. Richtige Ponys. Ich wette, du würdest auch gerne mal auf einem richtigen Pony reiten. Oder etwa nicht?“

„Nein, ich reite am liebsten Sheltie. Außerdem ist er ein richtiges Pony.“

Sheltie ging auf Silberschatz zu. Die

beiden Ponys beschnupperten sich und sagten einander Hallo.

„Machen wir ein Wettrennen“, schlug Alice grinsend vor. „Mein Silberschatz gegen deinen Stummel.“

„Ich will kein Wettrennen machen“, antwortete Emma missmutig. Sie stieg wieder in Shelties Sattel.

„Du hast Angst“, sagte Alice. „Ich wette, Stummel kann gar nicht richtig laufen. Seine Beine sind viel zu kurz!“

„Natürlich kann er“, rief Emma böse. „Sheltie ist total schnell.“

„Also dann los, du Feigling“, lachte Alice. „Wer zuerst am anderen Ende des Strandes ist, hat gewonnen!“ Alice gab ihrem Pferd die Sporen, und Silberschatz sauste im wilden Galopp den Strand entlang.

Emma wollte das Wettrennen eigentlich nicht mitmachen. Aber Sheltie war da anderer Ansicht. Ehe Emma sich versah, schoss er los wie ein Blitz. Er lief so schnell, wie ihn seine kurzen Beine tragen konnten. Emma hielt die Zügel gut fest, während Sheltie den Strand entlangpreschte. Aber er war trotzdem nicht schnell genug, und Silberschatz gewann das Rennen mit großem Abstand.

„Hab ich es nicht gesagt?“, lachte Alice Parker. „Ich wusste doch, dass Stummel nicht richtig laufen kann.“

Emma sagte kein Wort. Sie war

unglücklich und wütend. Das war nicht gerecht! Sheltie hatte nun mal kurze Beine. Wortlos wendete Emma Sheltie und ritt den Strand zurück.

Sie lehnte sich vor und klopfte Shelties Hals. „Macht nichts, Sheltie. Irgendwann werden wir den beiden schon zeigen, was du kannst.“

Kapitel Fünf

Am nächsten Tag hatte Emma keine Lust, zum Strand zu reiten. Sie wollte auf gar keinen Fall Alice Parker treffen. Deshalb fragte sie ihre Mutter, ob sie mit Sheltie durch die Heidelandschaft ausreiten dürfte.

Die Mutter war einverstanden, sofern Emma von den Klippen wegblieb und sich nicht zu weit vom Haus entfernte. Emma versprach es und zog mit Sheltie los auf Entdeckungsreise.

Emma und Sheltie folgten dem Reitweg. Es war sehr hübsch und ruhig hier. Überall auf den Hügeln grasten friedlich die Schafe. Das Allerbeste an dem Ausritt aber war, dass es weit und breit keine Alice Parker gab.

Als Emma ungefähr zehn Minuten geritten war, sah sie vor sich etwas aufblitzen. Ein Gegenstand befand sich direkt neben dem Reitweg.

„Was ist denn das für ein komisches Ding?", murmelte Emma. Als sie näher herankam, erkannte sie eine Metallstange, die zwischen den Sträuchern hindurchschimmerte. Emma stieg ab und ging näher heran.

Die glänzende Stange gehörte zu einem Einkaufswagen. Genau so einem, wie man ihn im Supermarkt benutzt.

Emma wunderte sich. Was hatte ein Einkaufswagen hier mitten in der freien Natur zu suchen? Auch Sheltie war neugierig und untersuchte den Wagen gründlich. Ihn interessierten vor allem diese seltsamen weißen Dinger, die zwischen den Korbstangen steckten. Es waren Federn. Drei lange weiße Federn. Emma zog sie heraus, und Sheltie versuchte, sie zu fressen.

„Von was für einem Vogel die wohl sind?", sagte Emma zu Sheltie. Sheltie legte seinen Kopf schief und hörte aufmerksam zu.

Die Federn waren sehr lang. „Es muss ein großer Vogel sein", stellte Emma fest. „Vielleicht eine Seemöwe!" Sie guckte

zum Himmel. Sheltie schaute ebenfalls hoch. Aber die Federn waren wohl doch zu lang für eine Seemöwe.

„Vielleicht sind sie von einem Strauß“, lachte Emma. Sie hielt die Federn wie einen Fächer und stieg wieder in den Sattel.

Sie setzten ihren Weg durch die Heide fort. Emma spielte eine verwunschene Prinzessin, die durch die Wüste reitet. Sie wedelte mit dem Fächer und kitzelte Sheltie am Ohr. Sheltie schlug mit dem Schweif und schnaubte kräftig.

Eine halbe Stunde später, als Emma und Sheltie den Weg wieder zurückritten, war der Einkaufswagen verschwunden.

„Seltsam“, murmelte Emma. „Wer schiebt bloß einen Einkaufswagen hierher und bringt ihn dann wieder weg?“ Sie konnte sich das Rätsel beim besten Willen nicht erklären.

Langsam ritt sie weiter in Richtung Ferienhaus. Der Weg führte nun in einem großen Bogen um einen Hügel herum.

Hinter dem Hügel wurde der Pfad steinig, und plötzlich stolperte Sheltie. Als er weitergehen wollte, lahmte er.

„Sheltie!“, rief Emma. Sie glitt aus dem Sattel. „Hast du dir wehgetan?“

Sheltie senkte den Kopf und hob den vorderen Huf. Emma befühlte das Bein und guckte sich den Huf an, aber sie konnte nichts entdecken. Sie war sehr beunruhigt.

„Du Armer. Kannst du den restlichen Weg noch gehen? Es ist nicht mehr weit.“

Sheltie humpelte vorwärts, und Emma ließ seine Zügel lang. Sie gingen sehr langsam. Jedes Mal, wenn Sheltie den verletzten Huf aufsetzte, hob er ihn ganz schnell wieder an.

Emma führte Sheltie weg von dem harten, steinigen Pfad auf das weiche Gras. Sie hoffte, dass es nichts Ernstes war. Sie wollte Sheltie so schnell wie möglich nach Hause zurückbringen.

„Wenn wir hier abkürzen, ist der Weg nicht so weit“, sagte Emma. Sie bogen von dem gewundenen Reitweg ab. Sheltie humpelte, so gut er konnte.

Plötzlich senkte sich das Gras vor ihnen, und sie standen am Rand einer großen Vertiefung. Es sah aus wie ein riesiger Krater in der Landschaft. Und in der Mitte stand eine alte, baufällige Hütte.

„Vielleicht kann uns hier jemand helfen?“, sagte Emma zu Sheltie.

Kapitel Sechs

Ein schmaler Pfad schlängelte sich zu der Eingangstür hinunter. Auf den Stufen wucherte üppig Löwenzahn. Es sah so aus, als sei das Haus unbewohnt.

Emma wollte schon weitergehen, da wurden ihre Augen plötzlich weit vor Staunen: Neben dem Haus stand der Einkaufswagen!

Während Emma auf ihre Entdeckung starrte, kam eine alte Frau aus dem Haus. Sie hielt eine kupferrote Katze in den Armen wie ein Baby.

„Hallo!“, rief die Frau. Sie trug einen komischen, abgewetzten Regenmantel, den sie um die Hüfte mit einer Kordel geschnürt hatte. Aber sie hatte ein nettes, freundliches Lächeln.

„Hallo“, grüßte Emma.

„Bist du gekommen, um dir die Tiere anzusehen?“, fragte die alte Frau.

Emma wusste nicht so richtig, was sie sagen sollte. „Wir wohnen in dem Ferienhaus oben auf der Klippe“, erklärte sie. „Wir machen hier Urlaub. Und das ist Sheltie. Er hat sein Bein verletzt und kann nicht mehr richtig laufen.“

Sheltie schüttelte seine Mähne und wieherte leise. Dann senkte er den Kopf und schaute auf seinen Huf.

„Bring ihn herunter und lass mich mal einen Blick auf seine Beine werfen“, sagte die Frau. Ihre Stimme klang nett und besorgt.

Emma führte Sheltie den gewundenen Pfad in den kleinen Vorgarten hinunter. Die alte Frau setzte die Katze ab und kam zu ihnen herüber. Sie tastete Shelties Bein ab, dann hob sie seinen Huf und betrachtete ihn genau.

„Er hat einen Stein im Huf“, stellte die Frau fest. „Ich werde das in Ordnung bringen. Dein kleines Pony wird gleich wieder laufen können.“

Sie ging ins Haus und kam mit einem Hufkratzer zurück. Sheltie stand ganz still und ließ die Frau sein Bein heben.

Vorsichtig entfernte sie den Stein aus seinem Huf.

„Na, Sheltie? Jetzt geht es wieder besser, nicht?“ Sheltie konnte seinen Huf wieder ganz aufsetzen.

„Was für ein süßes Pony.“ Die Frau klopfte Sheltie kräftig den Hals.

Emma mochte die alte Frau. Ihr Name war Mary. Sie sah zwar etwas komisch aus, war aber sehr freundlich.

Mary lebte ganz alleine in dem Haus und sorgte für kranke und verletzte Tiere. Viele Leute brachten ihre Tiere zu Mary, damit sie sich um sie kümmerte. Aber es gab auch Tiere, die ganz von alleine hierherkamen.

Mary fragte Emma, ob sie die Tiere sehen wollte. Emma hatte natürlich große Lust dazu, wollte aber lieber erst ihre Eltern fragen.

Es war jetzt nicht mehr weit bis zu ihrem Ferienhaus. Zum Glück war

Shelties Huf wieder ganz in Ordnung und, er trabte munter den Reitweg entlang.

Kaum zu Hause angekommen, platzte Emma mit ihrer Geschichte heraus. Wie Mary Sheltie geholfen hatte und dass sie ein richtiges Tierkrankenhaus führte. Emma wollte unbedingt noch einmal dorthin reiten und sich die Tiere ansehen. Der Vater versprach, sie am Nachmittag zu begleiten.

Gleich nach dem Mittagessen sattelte Emma Sheltie und zog den Ledergurt um seinen dicken Bauch fest. Dann streifte sie ihm das Zaumzeug über.

Die Mutter und Joschua standen vor dem Haus und sahen zu, wie sich Emma,

Sheltie und der Vater auf den Weg machten.

„Schüüüs", gluckste Joschua. Er lernte gerade sprechen.

„Seid um fünf zurück, dann gibt es Tee!", rief ihnen die Mutter nach. Sheltie schnaubte so laut, dass der Vater lachen musste.

Mary kam aus der Hütte, als sie Emma, Sheltie und ihren Vater kommen hörte.

„Hallo", rief der Vater fröhlich, als er Mary sah.

Mary grüßte mit einem warmen Lächeln zurück. „Hallo! Schön, dass ihr kommt."

Sheltie schüttelte zur Begrüßung seine Mähne.

Mary führte ihre Gäste hinter das Haus. Dort zeigte sie ihnen das Tierkrankenhaus und alle ihre Patienten. Da war Harold, eine langbärtige Ziege mit einem krummen Bein, und Doris, ein alter einäugiger Esel, den niemand mehr haben wollte. Harold und Doris lebten auf einer kleinen Wiese hinter der Hütte.

Ein Fuchs lag auf etwas Stroh in einem Käfig. „Er ist von einem Auto angefahren worden und immer noch sehr schwach“, sagte Mary. „Aber es wird jeden Tag besser.“ Außerdem gab es noch einen Dachs, dessen Fuß verletzt war, verschiedene Kaninchen, eine große Igelfamilie, zwei Seemöwen und eine Eule. Und in einem hölzernen Pferch am hinteren

Ende von Marys Krankenhaus befand sich ein wunderschöner weißer Schwan.

„Das ist Schneeweißchen", erklärte Mary. „Er ist in eine Hochspannungsleitung geflogen und hat seinen Flügel verletzt. Die Wunde ist zwar schon wieder verheilt, aber er wird eine Weile nicht fliegen können. Ich setze ihn jeden Tag in einen Einkaufswagen und fahre ihn hinauf zum Hohlteich in der Heide. Er schwimmt dort ein bisschen herum, und dann bringe ich ihn wieder zurück. Er ist so sanft. Sobald er wieder fliegen und für sich selber sorgen kann, lasse ich ihn frei.“ Nun wusste Emma, woher die langen weißen Federn gekommen waren!

Mary erzählte Emma und ihrem Vater, dass alle Tiere in ihr Zuhause zurückkehren würden, sobald sie wieder gesund waren. Bis auf Harold und Doris. Die beiden bildeten Marys Familie.

„Wenn du willst“, sagte Mary, „kannst du morgen mit mir zum Hohlteich gehen und Schneeweißchen schwimmen sehen. Hast du Lust dazu, Emma?“

„Oh ja! Bitte, Papa, darf ich?“, rief Emma.

Der Vater versprach es. Er fand Mary sehr sympathisch.

„Darf Sheltie auch mitkommen?“, fragte Emma.

„Natürlich“, sagte Mary.

Sheltie warf seinen Kopf zurück und schnaubte lauter, als Emma es jemals von ihm gehört hatte. Sheltie schien Mary auch zu mögen.

Kapitel Sieben

Am nächsten Morgen gab die Mutter Emma einen kleinen Apfelkuchen, den sollte sie für Mary mitnehmen. Der Vater begleitete Emma und Sheltie wieder bis zu Marys Haus. Er wollte sichergehen, dass der Ausflug zum Hohlteich auch tatsächlich stattfand.

Als sie ankamen, ritt Emma mit Sheltie um das Haus herum. Mary fütterte gerade Harold und Doris mit Karotten und Apfelstückchen. Emma blieb direkt vor dem Zaun stehen.

Bei ihrem Anblick stellte Harold seine

Vorderhufe auf den Zaunbalken. Dann rubbelte er zur Begrüßung seine Nase an Sheltie. Doris gab einen kleinen Eselsschrei von sich. Dies schien ihre Art zu sein, Sheltie zu begrüßen.

Emma glitt aus dem Sattel und gab Mary den Apfelkuchen.

„Wie nett von dir, Emma", sagte Mary. „Und ich kenne jemanden, der gerne ein Stück davon haben würde." Harold führte einen lustigen kleinen Tanz auf und starrte auf den Kuchen.

„Du bekommst später ein Stück, du alter Nimmersatt", lachte Mary.

Sie brachte den Kuchen ins Haus. Dann ging sie zu Schneeweißchens Pferch, hob den Schwan vorsichtig heraus und setzte ihn in den Einkaufswagen. Schneeweißchen schien sehr zahm zu sein. Er ließ sich bereitwillig von Mary hochheben. Emma war sich sicher, dass er sich schon auf sein morgendliches Bad freute.

Mary schob den Einkaufswagen an und winkte Emma und Sheltie, ihr zu folgen. Gemeinsam gingen sie den schmalen Weg hoch, der von Marys Häuschen wegführte.

Sie mussten nicht lange gehen. Der Hohlteich war ganz in der Nähe von der Stelle, wo Emma den Einkaufswagen gefunden hatte.

Mary hob Schneeweißchen aus dem

Wagen. Sie trug ihn über einen grasbewachsenen Hügel und stieg dann eine flache Senke hinunter. Emma folgte ihr langsam und war verblüfft über den Anblick. In der Vertiefung war ein kleiner, gut versteckter Teich. Das hatte Emma nicht erwartet.

Das Ufer ringsum war dicht mit Schilf bewachsen. Mary setzte den Schwan auf den Boden, und Schneeweißchen lief sofort zum Wasser. Er wackelte vergnügt mit seinen Schwanzfedern und schwamm in die Mitte des Teichs.

Emma und Mary sahen ihm zu, wie er elegant über das Wasser glitt. Er sah wunderschön aus. Niemand hätte geglaubt, dass er einen verletzten Flügel hatte.

Sheltie graste währenddessen auf der Böschung und knabberte an einem Büschel Löwenzahn.

Nach einer Weile zog Mary ein paar

Salatblätter aus ihrer Manteltasche und tunkte sie ins Wasser. Sofort watschelte Schneeweißchen ans Ufer. Er nahm die Blätter und schüttelte seine Schwanzfedern. Mary hob ihn wieder hoch und trug ihn zu seinem Einkaufswagen zurück.

„Bevor wir zurückgehen", sagte Mary, „will ich dir ein Geheimnis zeigen."

„Noch ein Geheimnis!", rief Emma erstaunt. Sheltie stellte seine Ohren auf.

Mary erzählte Emma von einem Pärchen Wanderfalken, das auf einem Felsvorsprung am Kliff brütete.

„Das sind sehr seltene Vögel", sagte Mary. „Sie brüten zwei Eier aus. Komm mit, ich zeige sie dir."

Kapitel Acht

Mary schob den Einkaufswagen bis an den Rand der Klippen. Emma band Sheltie fest und folgte ihr.

„Du musst jetzt ganz vorsichtig sein, Emma“, sagte Mary und nahm sie bei der Hand. „Geh nicht zu dicht an den Rand, das ist gefährlich.“

Beide beugten sich etwas vor und schauten die steilen Klippen hinunter. Unter ihnen, auf halber Strecke, sah Emma einen schmalen Pfad zwischen den Felsen. Und darunter, ganz weit unten, war der Strand. Emma konnte

Alice Parker erkennen, die mit Silberschatz am Wasser entlangritt.

Es ging wirklich sehr steil nach unten! Alice Parker war nicht größer als ein kleiner runder Kieselstein. Emmas Beine fühlten sich plötzlich wackelig an.

Mary zeigte zu einem Felsvorsprung. Zwei Falken kauerten sich an den felsigen

Rand. Einer der Vögel saß auf einem Nest.

„Die Eier müssten bald ausgebrütet sein“, sagte Mary. „Noch ehe die Woche um ist, werden wir zwei flauschige Falkenjunge zu sehen bekommen.“

„Oh“, flüsterte Emma. „Das wäre ja wundervoll!“ Dann fiel ihr Blick wieder auf den Klippenpfad. „Wohin führt der?“

„Der Weg führt direkt runter zum Strand“, sagte Mary. „Aber er ist sehr gefährlich. Geh niemals da hinunter“, warnte sie.

„Nein, werde ich nicht“, versprach Emma. Der Weg sah viel zu gefährlich aus!

Pünktlich zum Mittagessen war Emma zurück im Ferienhaus. Der Vater hatte einige Käsebrötchen vorbereitet, und nun saß die ganze Familie draußen im Garten und aß. Zum Nachtisch gab es ein köstliches Erdbeereis.

Emma war richtig aufgedreht. Sie erzählte von Schneeweißchen und wie elegant er geschwommen war. Dann schwärmte sie von den Wanderfalken und ihrem Nest.

„Das ist etwas ganz Besonderes, dass du Wanderfalken beim Brüten gesehen hast", sagte der Vater. „Aber du darfst sie nicht stören."

Emma lächelte. „Keine Sorge, sie sind viel zu weit weg."

Am Nachmittag ließen sie Sheltie auf seiner Koppel und fuhren mit dem Auto in die nächste Bucht. Dort gab es einen kleinen Hafen. Bunte Fischerboote schaukelten auf dem Wasser.

Die ganze Familie wanderte den schmalen Strand entlang und sammelte Muscheln. Emma fand ein Stück Treibholz in der Form eines Fisches. Die Mutter versprach, ihr beim Anmalen zu helfen. Emma wollte Mary das Treibholz zum Abschied schenken.

Die Mutter sagte, sie würde Mary auch gerne kennenlernen und das Tierkrankenhaus besuchen. Joschua wollte unbedingt Schneeweißchen und die anderen Tiere sehen, und der Vater war furchtbar neugierig auf die beiden Falken.

Darum beschloss Emma, sobald sie wieder im Ferienhaus waren, mit Sheltie zu Mary zu reiten. Sie wollte ihre Familie für den nächsten Tag ankündigen.

Aber als Emma und Sheltie dort ankamen, war Mary nirgendwo zu sehen. Alle Tiere waren da. Harold und Doris standen auf ihrer Weide. Der Einkaufswagen war ebenfalls an seinem Platz, und Schneeweißchen befand sich in seinem Pferch. Doch kein Zeichen von Mary.

Emma überlegte, ob die alte Dame vielleicht zu den Falken gegangen war. Sie wendete Sheltie und ritt zu den

Klippen hinüber. Aber auch dort war Mary nicht.

Emma stellte sich in den Steigbügeln auf und schaute sich um. Sie konnte die alte Dame nirgendwo sehen.

Sheltie hob den Kopf und schnupperte. Dann schnaubte er.

Emma glitt aus dem Sattel und wollte Sheltie grasen lassen. Das tat er sonst immer so gerne. Aber jetzt schien Sheltie das nicht zu interessieren. Stattdessen trabte er zu den felsigen Klippen und schnaubte wieder. Dabei scharrte er aufgeregt mit dem Huf.

„Was hat er bloß?“, wunderte sich Emma. Sie folgte Sheltie und stellte sich so nah an den Abgrund, wie sie es wagte.

Vorsichtig linste sie über den Rand und zuckte erschrocken zusammen.

Unter ihr, auf dem engen Klippenweg, standen Alice Parker und Silberschatz!

Kapitel Neun

Emma erkannte sofort, was los war: Alice hatte Silberschatz den Klippenpfad hochgeführt und kam nun nicht weiter. Das arme Pony hatte schreckliche Angst und weigerte sich, nur einen Schritt weiterzugehen.

Auch Alice wagte sich nicht zu rühren. Sie stand auf dem engen Pfad neben Silberschatz und sah furchtbar ängstlich und blass aus.

Es war ein weiter Weg bis zum Strand hinunter, und die Klippen waren sehr steil. Alice klammerte sich an

Silberschatz' Zügel fest und presste sich an die Fels-wand. Plötzlich entdeckte sie Emma. Sie war so glücklich, sie zu sehen, dass sie in Tränen ausbrach.

„Bitte hilf mir!", schluchzte Alice. „Wir kommen nicht weiter. Silberschatz rührt sich nicht von der Stelle. Er geht nicht mehr vorwärts, und ich traue mich nicht, ihn umzudrehen." Alice hatte große Angst. Ihr Gesicht war weiß wie ein Bettlaken.

„Bleib, wo du bist, und rühr dich nicht", rief Emma. „Und keine Angst. Ich hole Hilfe!"

Emma wollte zuerst zu Marys Hütte zurückreiten und nachsehen, ob sie inzwischen wieder zu Hause war. Doch dann beschloss sie, direkt zu ihren Eltern zu galoppieren und ihren Vater zu holen. Er würde sicher wissen, was zu tun war.

Aber während Emma noch überlegte, hatte Sheltie schon mit der Rettungsaktion begonnen. Er hatte entdeckt, dass

der Klippenweg in einer Spalte zwischen zwei riesigen Felsen begann, und war bereits unterwegs.

„Sheltie!“, rief Emma. „Komm zurück!“

Sheltie schien zu spüren, dass Alice und Silberschatz in ernsthaften Schwierigkeiten steckten. Er wollte zu Silberschatz und trat vorsichtig auf den schmalen Pfad. Die ersten Meter waren sehr steil, dann wurde der Pfad flacher und etwas breiter.

Emma folgte Sheltie. Sie war ängstlich und ging nur sehr langsam, Schritt für Schritt.

„Sei vorsichtig!“, schrie Alice von unten. Silberschatz wieherte kläglich.

Sheltie war ein tapferes Pony. Mit

seinem sicheren gleichmäßigen Schritt war der Pfad kein Problem für ihn. Emma hielt sich direkt hinter ihm. Sie ging seitwärts, den Rücken dicht an der Felswand, und versuchte, nicht hinunterzusehen.

Der Wind peitschte ihre Wangen, und sie hörte die Wellen unten gegen die Felsen klatschen. Emma biss sich auf die Unterlippe und rief: „Wir kommen! Keine Angst!“ Dabei zitterten ihr selbst die Knie.

Sheltie ging ungerührt weiter. Er war sehr trittsicher und schien sich nicht zu fürchten.

Plötzlich erstarrte Emma. Direkt vor Shelties Hufen wurde der Pfad gefährlich schmal. Ein Stück des Weges war sogar ganz weggebrochen.

Emma schnappte nach Luft, als Sheltie seine Hufe über den Abgrund setzte.

„Sheltie, bitte sei vorsichtig“, flüsterte Emma.

Sheltie schüttelte seinen Kopf mit einem lauten Schnauben, als wollte er sagen: „Ich komm schon klar, Emma!“

Kapitel Zehn

Als Sheltie schon fast bei Alice und Silberschatz war, hörte Emma plötzlich eine Stimme von oben rufen. Sie blickte hoch. Mary sah vom Klippenrand zu Emma und Sheltie herunter und sah sehr beunruhigt aus.

„Pass auf, Emma!“, rief Mary. „Keine zu schnellen Bewegungen. Und bleib nah an der Felswand. Ich komme euch holen.“

Nun kletterte auch Mary den Pfad herunter. Emma schob sich vorsichtig den Weg zurück und griff nach Marys ausgestreckter Hand.

Wenig später beobachteten sie vom Klippenrand aus, wie Sheltie Alice erreichte. Er stand direkt vor Silberschatz und drehte sich um.

Emma rief zu Alice hinunter: „Halt dich an Shelties Schweif fest!“ Doch Alice war so verängstigt, dass sie sich kaum zu bewegen wagte. Sheltie schnaubte sanft.

Mary sprach beruhigend auf Alice ein. „Beweg dich ganz langsam vorwärts“, sagte sie. „Guck geradeaus. Halt dich gut an Shelties Schweif fest und nimm dein Pony am Zügel.“

Alice hielt Silberschatz’ Zügel fest und griff nach Shelties Schweif.

„So, und nun komm zu mir, Sheltie!“, rief Emma. „Sei ein braver Junge!“

Tatsächlich setzte sich die Gruppe langsam in Bewegung. Shelties Nähe schien Silberschatz Mut zu machen.

Vorsichtig folgte das verängstigte Pony Alice und Sheltie.

Als Sheltie die gefährliche Stelle erreichte, an der der Pfad weggebrochen war, rief Emma Sheltie zu: „Geh weiter, Junge! Nur noch ein bisschen!“

Sheltie antwortete mit einem Schnauben. Er trat vorsichtig über den weggebrochenen Rand, und Alice folgte ihm ebenso vorsichtig. Doch Silberschatz traute sich nicht. Das Pony blieb erneut stehen, und Alice musste seine Zügel loslassen.

Mary ging Sheltie und Alice noch einmal ein Stück entgegen und lockte Sheltie vorwärts. Sie griff nach seinen Zügeln und führte ihn das letzte, steile

Stück hoch. Endlich waren sie wieder oben auf der Klippe.

Sobald sie in Sicherheit war, brach Alice in Tränen aus. „Ich hatte so eine Angst“, schluchzte sie. Sie warf ihre Arme um Emma und drückte sie kräftig.

Alle waren so erleichtert, dass sie gar nicht merkten, dass Sheltie schon wieder am Klippenrand stand. Sein Freund Silberschatz steckte immer noch fest. Und jetzt war er ganz allein da unten.

Sheltie machte komische Ponygeräusche. Mit einem sanften Schnauben und einem kleinen Wiehern schien er Silberschatz zu sagen:

„Komm, du bist doch schon fast oben.“

Sheltie nickte mit dem Kopf, und

Silberschatz bewegte sich langsam vorwärts. Vorsichtig, Schritt für Schritt, näherte er sich Sheltie.

Mary, Emma und Alice hielten den Atem an, bis Silberschatz endlich über den letzten Felsen geklettert war und neben Sheltie stand.

Sheltie schmiegte sich an Silberschatz. Das arme Pony zitterte vom Kopf bis zu den Hufen.

Mary streichelte das weiße Pony am Maul und sprach sanft auf Silberschatz ein. Ihre Stimme beruhigte ihn bald.

Emma ging zu Sheltie und schlang ihre Arme um seinen Hals. „Oh, Sheltie. Du bist so mutig."

Sheltie schnaubte, dann drückte er

sein weiches Maul gegen Emmas Wange und blies warme Luft in ihren Nacken.

„Du hast wirklich ein ganz tolles Pony, Emma“, sagte Alice. Sie schluchzte immer noch.

„Ich weiß“, sagte Emma. „Nicht auszudenken, was ohne Sheltie passiert wäre.“

Alice beruhigte sich nur langsam. „Es tut mir leid, dass ich so gemein zu dir und Sheltie war, Emma.“ Ihre Augen waren rot und verquollen. Sie schämte sich. „Ich bin dir und Sheltie wirklich dankbar, dass ihr uns gerettet habt.“ Verlegen blickte sie auf ihre Schuhe.

„Wir bringen euch jetzt besser nach Hause“, sagte Mary.

Gemeinsam gingen sie zu Marys Haus. Von dort rief die alte Frau bei der Klippen-Farm an, um Alice' Eltern zu informieren.

Mister und Mistress Parker waren

Emma sehr dankbar. Sie versprachen, ihr ein kleines Geschenk zu schicken, sobald sie wieder zu Hause wären. Dann brachten sie Alice und Silberschatz zur Klippen-Farm.

Emma konnte es kaum erwarten, den Eltern von ihrem neuesten Abenteuer zu erzählen. Sie verabschiedete sich schon bald von Mary und ritt zum Ferienhaus zurück.

„Diese Alice ist doch ein dummes Mädchen“, sagte die Mutter. „Verrückt, ein Pony so einen gefährlichen Pfad hochzuführen.“

Am Anfang schimpften die Eltern ein bisschen, weil Emma versucht hatte, Alice alleine zu retten. Aber Emma erklärte ihnen, dass Sheltie die Führung übernommen hatte. Daraufhin waren die Eltern richtig stolz auf ihre Tochter und das kleine Pony. Emma und Sheltie waren sehr mutig gewesen.

„Was für ein Glück, dass wir Sheltie mit hierher gebracht haben, nicht?“, sagte Emma.

Kapitel Elf

Die restlichen Ferien vergingen wie im Flug. Alice Parker ließ sich nicht mehr am Strand blicken. Nicht ein einziges Mal. So hatten Emma und ihre Familie den goldenen Sand ganz für sich alleine.

Jeden Tag ritt Emma mit Sheltie das Ufer entlang. Sheltie konnte von der Seebrise und dem weichen Boden unter seinen Hufen nicht genug bekommen. Er tänzelte auf dem Sand herum, und Emma galoppierte so wild mit ihm den Strand entlang, dass die Möwen vor

Aufregung mit einem lautem Kreischen in die Höhe schnellten und über ihren Köpfen herumflatterten. Es war herrlich!

Sie besuchten auch Mary und die Tiere. Dem Fuchs ging es bald wieder besser, und er lief in seinem Käfig herum. Mary sagte, dass er in einer Woche stark genug sein würde, um wieder in die Freiheit entlassen zu werden. Auch der Dachs erholte sich sichtlich. Und Schneeweißchen breitete bereits seine Flügel aus und testete deren Stärke. Er konnte zwar noch nicht fliegen, aber Mary meinte, dass es nicht mehr lange dauern würde.

Manchmal gingen Emma und Sheltie mit Mary zum Hohlteich und sahen dem Schwan vergnügt bei seinem täglichen Bad zu.

„Stell dir vor“, sagte Emma, „wenn ich zu Hause bin, wird Schneeweißchen wieder frei fliegen können. Meinst du, er wird sich dann noch an uns erinnern?“

„Da bin ich mir sicher“, sagte Mary und lächelte. „Wie könnte jemand dich und Sheltie vergessen.“

Sheltie schnaubte und nickte mit dem Kopf.

Sie bummelten zum Rand der Klippe und beobachteten die beiden Falken. Die Falkenmutter saß immer noch auf dem Nest. Aber es konnte nicht mehr lange dauern, bis die Jungen schlüpfen würden.

An ihrem letzten Ferientag in der Sommerland-Bucht machte sich die ganze Familie noch einmal auf zu Mary. Sie besichtigten das Tierkrankenhaus und gingen zu den Klippen, um nach den Falken zu sehen.

Und tatsächlich: Die beiden Jungen waren endlich ausgeschlüpft! Sie saßen

im Nest und streckten ihre flaumigen kleinen Köpfe unter den Flügeln der Mutter hervor.

Emmas Vater war begeistert. Er schaute lange durch sein Fernglas und beobachtete, wie der Falkenvater Futter zum Nest brachte.

„Piep, Piep!“, lachte Joschua.

„Das waren meine allerschönsten Ferien“, sagte Emma.

Bevor sie gingen, gab Emma Mary das verzierte Treibholz. Die Mutter hatte ihr geholfen, es wie einen Fisch anzumalen. Es sah wunderschön aus, mit bunten Schuppen, Augen und Flossen.

„Ich werde es immer gut aufbewahren“, sagte Mary mit einer kleinen Träne im

Auge. Sie umarmte Emma herzlich.

Sheltie beschnupperte Marys Wange mit seiner Nase und leckte ihr über das Gesicht.

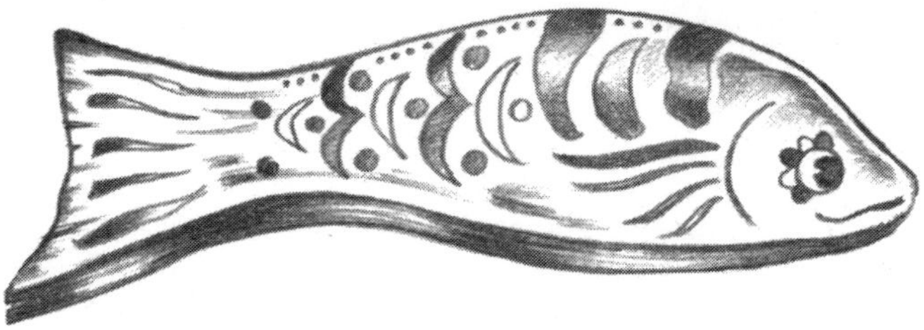

Kapitel Zwölf

Am nächsten Morgen war der Urlaub endgültig zu Ende. Emma half ihrer Mutter die Kleider wieder einzupacken und der Vater befestigte die Koffer auf dem Dachgepäckträger des Autos.

Emma war ganz traurig. Sie hatte gar keine Lust, wieder wegzufahren. Aber Sheltie war bereits in seinem Pferdehänger und schließlich war alles startbereit.

Mary war gekommen, um sich zu verabschieden. Emma und Joschua winkten, als sie sich entfernten.

„Ich werde dir schreiben", rief Emma durch das offene Fenster. Mary lächelte und winkte, bis das Auto außer Sicht war.

Zu Hause konnte Emma es gar nicht erwarten, ihrer besten Freundin Sally von den wundervollen Ferien am Meer zu erzählen. Sobald Sally von ihrer Rückkehr erfuhr, kam sie auf ihrem Pony Winnie vorbei. Sheltie liebte Winnie, und seine Augen blitzten vor Freude, als er die Stute sah.

Emma und Sally machten einen kleinen Ausritt zum Hufeisenteich. Dort setzten sie sich ins Gras, und Emma erzählte von Mary, Schneeweißchen und all den anderen Tieren in Marys Krankenhaus.

Noch am gleichen Abend schrieb Emma einen Brief an Mary, und wenige Tage später bekam sie Post aus der Sommerland-Bucht. In dem Umschlag war außer Marys Brief auch ein Artikel aus der lokalen Zeitung. „Waghalsige Rettungsaktion in den Klippen“ lautete die Schlagzeile. Die Mutter las den Artikel vor:

„Während ihrer Ferien in der Sommerland-Bucht hat die tapfere Emma Matthews zusammen mit ihrem Shetlandpony Sheltie Alice Parker und ihr Pony Silberschatz gerettet. Die beiden saßen auf einem Klippenpfad hoch über dem Meer fest. Ohne an seine eigene Sicherheit zu denken, kletterte der mutige Sheltie den schmalen Felsenpfad hinunter und brachte mit Emmas Hilfe das Mädchen und ihr Pony in einer waghalsigen Rettungsaktion in Sicherheit. Emma Matthews und Sheltie leben in einem kleinen Dorf in Somerset."

„Du und Sheltie, ihr seid jetzt berühmt!", sagte der Vater.

Emma wurde rot vor Stolz. Sie war sehr zufrieden. „Aber eigentlich war es Sheltie ganz allein. Wirklich!", sagte Emma.

An diesem Morgen hatte der Postbote

außerdem ein Päckchen für Emma gebracht. Es war von der Familie Parker. Emma riss das Papier ab und hielt ein wunderschönes Buch über Shetlandponys in den Händen. Es war auch ein Brief von Alice dabei:

Liebe Emma,

ich hoffe, Du magst das Buch, das meine Eltern Dir geschickt haben. Ich habe es ausgesucht, weil ich weiß, dass Du Shetlandponys sehr gern magst. Es hat viele Bilder, und einige der Ponys sehen aus wie Sheltie. Ich glaube, Sheltie ist das mutigste Pferd auf der ganzen Welt. Ich hoffe, wir können alle Freunde werden.

Vielen Dank, dass Du mich in der

Sommerland-Bucht gerettet hast. Bis bald in der Schule.

Viele Grüße, Alice

„Was für ein netter Brief“, sagte die Mutter.

Emma sah aus dem Küchenfenster. Draußen stand Sheltie und wartete auf sein Frühstück. Er nickte mit dem Kopf

und machte die Geräusche, die er immer machte, wenn er Hunger hatte. Als er Emma entdeckte, blitzten seine Augen munter unter seiner langen, zotteligen Mähne.

„Sheltie ist wirklich das allerbeste Pony, findest du nicht auch?", sagte Emma. „Was für schöne Ferien wir hatten. Und mit Sheltie waren sie ganz besonders schön. Und vielleicht ist Alice Parker doch gar nicht so schlimm."

Dann sprang sie fröhlich nach draußen, um Sheltie sein Futter zu bringen.

In diesem Buch sind folgende Bände enthalten:

Wie Sheltie zu uns kam
First published by Puffin Books, part of Penguin Books Ltd.,UK, 1996.

Wie Sheltie einen Freund fand
First published by Puffin Books, part of Penguin Books Ltd.,UK, 1996.

Wie Sheltie zum Retter wurde
First published by Puffin Books, part of Penguin Books Ltd.,UK, 1997.

Umschlaggestaltung und Umschlagillustration
von Milada Krautmann, Stuttgart.

Dieses Buch folgt der neuen deutschen Rechtschreibung.

Bibliografische Informationen der Deutschen Nationalbibliothek:

Die Deutsche Nationalbibliothek verzeichnet diese Publikation in der Deutschen Nationalbibliografie; detaillierte bibliografische Daten sind im Internet über http://dnb.ddb.de abrufbar.

Für die deutschsprachige Ausgabe:

ISBN: 978-3-440-11004-1
Redaktion: Claudia Steinke
Grundlayout: eStudio Calamar
Produktion: Ralf Paucke
Printed in Czech Republic / Imprimé en République tchèque